アクティブ・ラーニングで学生の主体的学びをつくりだす

―BGU の魅力ある授業づくり―

編著　木村浩則

金子智栄子・古市太郎・渡辺行野・青木通

長野祐一郎・加曽利岳美・馬渡一浩・茂井万里絵

編著者紹介

編著者

木 村 浩 則 （第1章）
　　文京学院大学人間学部児童発達学科教授

著者

金 子 智栄子 （第2章）
　　文京学院大学人間学部児童発達学科教授

古 市 太 郎 （第3章）
　　文京学院大学人間学部コミュニケーション社会学科助教

渡 辺 行 野 （第4章）
　　文京学院大学人間学部児童発達学科助教

青 木 通 （第5章）
　　文京学院大学人間学部人間福祉学科准教授

長 野 祐一郎 （第6章）
　　文京学院大学人間学部心理学科准教授

加曽利 岳美 （第7章）
　　文京学院大学人間学部心理学科准教授

馬 渡 一 浩 （第8章）
　　文京学院大学経営学部教授

茂 井 万里絵 （8コマ漫画）
　　文京学院大学人間学部人間福祉学科准教授

目　次

まえがき ……………………………………… *1*

第1章　アクティブ・ラーニングの理論、その迷走を越えて ….（木村　浩則）*3*

1　はじめに　*3*

2　アクティブ・ラーニングとは何か　*3*

3　迷走する「アクティブ・ラーニング」　*5*

4　アクティブ・ラーニングの学習論　*7*

5　ギル「学びへの学習」論　*9*

6　知の関係的・相互行為的性質　*10*

7　知の過程をつくりだす大学教育　*12*

8　おわりに　*15*

第2章　FD 活動を通じた本学の授業改革 ……………（金子智栄子）*17*

1　文部科学省における FD の制度化過程　*17*

2　文京学院大学における FD の制度化　*18*

3　人間学部の FD 活動　*21*

4　進化する FD 活動　*33*

第3章　プロジェクトを通じた「共育」 …………………（古市太郎）*35*

1　はじめに―アクティブ・ラーニングとフィールドプロジェクト演
習について　*35*

2　企画・連携型：ゼブラ寄付付きボールペン企画　*36*

3　企画・実践型：埼玉県越生町龍ケ谷地区・限界集落の活性化プロジ
ェクト　*44*

4　結びにかえて　*56*

8コマ漫画①（茂井万里絵）　*58*

第4章　領域を越えて深めるアクティブな学び ………（渡辺行野）　59

1　は じ め に　*59*

2　保育者養成における視点　*60*

3　児童発達学科の取り組み　*62*

4　お わ り に　*84*

8コマ漫画②（茂井万里絵）　*86*

第5章　学生とともに障がい者スポーツプログラムをつくる ….（青木 通）　87

1　人間福祉学科における障がい者スポーツ指導者資格の認定　*87*

2　アクティブ・ラーニングと学科教育の課題　*88*

3　授業実践1：体験型プログラムの導入　*88*

4　授業実践2：障がい者スポーツプログラムの立案と指導実践　*94*

5　総　　括　*102*

8コマ漫画③（茂井万里絵）　*104*

第6章　オープンキャンパス改善を課題としたアクティブ・ラーニング ………………………………………………（長野祐一郎）　105

1　は じ め に　*105*

2　2016年5月のオープンキャンパス　*105*

3　2016年6月のオープンキャンパス　*106*

4　2016年7月のオープンキャンパス　*108*

5　2016年8月のオープンキャンパス　*110*

6　2016年11月のオープンキャンパス　*114*

7　2016年12月のふじみ野高校連携講座　*115*

8　ま と め　*117*

第7章　私の授業づくりの工夫

ー心理学専門演習におけるアクティブ・ラーニング　……（加曽利岳美）　*119*

1　は じ め に　*119*

2　アクティブ・ラーニングとは　*120*

3　カウンセリングの学修におけるアクティブ・ラーニング　*121*

4　認知行動療法の学修におけるアクティブ・ラーニング　*122*

5　本演習におけるアクティブ・ラーニングの導入　*122*

6　本演習におけるアクティブ・ラーニングの効果　*126*

7　お わ り に　*127*

8コマ漫画④（茂井万里絵）　*132*

第8章　活かし合う力づくり

ー経営学部馬渡ゼミナールのグループ研究　…………（馬渡一浩）　*133*

1　馬渡ゼミの概要　*133*

2　馬渡ゼミとアクティブ・ラーニング　*135*

3　グループ研究におけるアクティブ・ラーニングを組織行動視点から見る　*141*

4　グループ研究におけるアクティブ・ラーニングを地域ブランディング視点から見る　*146*

5　グループ研究におけるアクティブ・ラーニングの効果　*149*

6　おわりにー今後に向けた展望と課題　*150*

8コマ漫画⑤（茂井万里絵）　*153*

参 考 資 料 ……………………………… *155*

あ と が き ……………………………… *165*

まえがき

　大学の現場において教育改革が叫ばれて久しい。その改革の一つが「教育の質保証」であり、単位制に則った授業回数と学修時間の確保、キャップ制による履修単位の制限、GPA による学業成績の数値化と GPA の進級や卒業判定での活用などがその中身である。そしてもう一つが授業改革であり、大学では「FD 活動（ファカルティ・ディベロップメント）」と呼ばれ、多くの場合、トップダウンで教員に一律に研修会参加や授業公開を求めるといったことが行われている。しかしこれらが果たして本当の意味で大学の教育力をあげ、学生の資質・能力を高めることにつながるのかは疑わしい。なぜなら、そこには人間の学びや成長に不可欠の主体性や能動性を促す要素が欠けているからである。これらの施策はいわゆる外発的動機付けにもとづくもので、ほんらい学生には学ぶ意欲がなく、教員には授業改善に取り組む意志がないというネガティブな人間観を前提にしているように思われる。だがこうした外発的動機付けは、過去の心理学研究の教えるところによれば、何らかの褒美や罰、強制性がないと学習しようとしない受動的な人間をつくり出してしまう。つまり外発的動機付けでは、主体的に学び続ける学生や教員は生まれないのである。

　いまの教育改革に問われているのは、いかにして主体的、能動的に学び続ける人間を育てることができるかということであろう。そのためには学びへの要求あるいは知的関心を喚起するような、いわゆる内発的動機付けにつながる教育改革・授業改革が求められる。そうでなければ、たとえ数値的、外形的に「成果」が上がった（GPA が上昇した、学修時間が伸びた）としても、学生たちの学びはいよいよ底の浅い空虚なものになっていくに違いない。よって、本書のタイトルにある「アクティブ・ラーニング」は、たんなる授業方法のことではなく、学生のアクティビティ、主体性や能動性、やる気を引き出す教育あるいは学びを意味するものとして捉えていただきたい。

　本書は、文京学院大学（Bunkyo Gakuin University: BGU）の 2016 年度人間学部 FD 委員会において一年間にわたって実践研究に取り組んだ成果をまとめたものである。人間学部の 4 学科（コミュニケーション社会学科、児童発達学科、人間福祉学科、心理学科）が主体となって、それぞれに「アクティブ・ラーニングの視点に立った魅力ある授業づくり」をテーマに授業研究を行った。その中で各学科の FD 委員によって取り組まれた教育実践によって本書の各章は構成され

ている。

　第1章は、本書のイントロダクションとして、これまでのアクティブ・ラーニングをめぐる議論を踏まえつつ、それをどのようにとらえ、どう大学教育実践に活かしていけばよいのかについて論じた。第2章では、本書の成立の出発点である人間学部のFD活動について、その変遷ならびに成果について論じた。そして第3章から第7章までは、人間学部の4学科が取り組んだ授業実践の内容と成果の紹介である。まず第3章ではコミュニケーション社会学科のカリキュラムに位置付けられたフィールドワーク演習をとりあげた。それは、地域と学生をつなぎながら、社会問題の解決を志向する社会的学びの実践である。第4章は、音楽、造形、環境をつなぐ教科横断的・体験的学びを通じて保育者に必要な感性の育成をめざす授業実践の試みである。第5章は、「障がい者スポーツ概論」「障がい者スポーツ演習」の二つの科目を通じて、障がい者を対象としたプログラムの立案と模擬実践までを学生とともに取り組んだ授業の紹介である。第6章は、正規のカリキュラムを越えて、大学のオープンキャンパスのプログラムを学生とともに開発、実践することで、学生の主体的学びを促そうとする試みである。第7章は、臨床心理学の演習の授業をアクティブ・ラーニングの視点から改善し、学生の意欲を高めていった実践の紹介である。第8章では、日本学生経済ゼミナール関東部会に出場し、プレゼンテーション部門で審査員賞を受賞した経済学部馬渡ゼミの教育実践を紹介した。また各論文の間に、それぞれの実践の特徴を伝える8コママンガを掲載した。ユーモアあふれるマンガを箸休めとして楽しんでいただきたい。

　ここで紹介した教育実践は、アクティブ・ラーニングの視点から魅力ある授業づくりをめざした各教員の努力と工夫の賜物である。同じように大学の授業改善に取り組む諸氏にとって何らかの参考になれば幸いである。

編著者　木村浩則

第1章

アクティブ・ラーニングの理論、
その迷走を越えて

木村浩則

1 はじめに

　もし教育界にも「流行語大賞」というものがあったら、間違いなくそれを獲得するのは「アクティブ・ラーニング」という言葉であろう。教員向け官制研修会のテーマの多くが「アクティブ・ラーニング」を掲げ、書店の教育書コーナーには「アクティブ・ラーニング」の名を冠した多くの書籍が並んでいる。学校現場では「アクティブ・ラーニング・バブル」という言葉さえ登場するほどである。そして本書もまたそのような類のひとつに数えられるだろう。

　ところが 2017 年 3 月に公布された新学習指導要領に「アクティブ・ラーニング」という言葉はほとんど見当たらない。巷の「流行語」の運命と同じく、「アクティブ・ラーニング」の賞味期限はもはや切れ、バブルは崩壊してしまったということか。この間文科省の議論において、いったい何が起こったのだろうか。そのあたりの経緯を含めて、まずは「アクティブ・ラーニング（以下、AL と略記）」とは何かについてまとめておきたい。そしてそこから AL をめぐる議論と実践の問題点を明らかにするとともに、それを克服するために何が必要なのか、大学教育実践の視点から論じてみたい。

2 アクティブ・ラーニングとは何か

　AL とは、90 年代初めにアメリカの研究者により提唱された概念だが、日本では、2012 年の中教審答申「新たな未来を築くための大学教育の質的転換に向けて」を契機に大学関係者の間に一気に広まっていった。そして 2014 年、文科大臣による次期学習指導要領改訂に向けた中教審への諮問「初等中等教育における教育課程の基準等の在り方について」に盛り込まれると、今度は初等中等教育の

現場で強力に推進されるようになった。

文科省の用語集は AL を次のように定義している。

「教員による一方向的な講義形式の教育とは異なり、学修者の能動的な学習への参加を取り入れた教授・学習法の総称。学修者が能動的に学修することによって、認知的、倫理的、社会的能力、教養、知識、経験を含めた汎用的能力の育成を図る。発見学習、問題解決学習、体験学習、調査学習等が含まれるが、教室内でのグループ・ディスカッション、ディベート、グループワーク等によっても取り入れられる。」

以上の定義から明らかなのは、AL とは、「学修者の能動的な学習への参加を取り入れた教授・学習法の総称」であって、「…等によっても取り入れられる」（下線は筆者）という記述に示されるように、必ずしも特定の授業方法を指すものではないということである。重要なのは、講義一辺倒の授業形態から脱却することであり、それを促すために、それに代わる様々な教育手法を例示しているのである。しかし、官僚主義的体質をもつ学校現場においては、例示されたものは、選択肢の一つではなく、実践すべき内容として受け止められる。それゆえ、AL をひとつの型あるいはテクニックとして固定的にとらえ、すべての教員、すべての教科、すべての学年にその実践を求め、さらにそれをチェックするという画一主義が生まれやすいのである。

例えば、埼玉県教育委員会では、東京大学の研究グループの支援の下、知識構成型ジグソー法（協調学習）なる手法を開発し、あらゆる教科、すべての高等学校における実施を推進している。ここで知識構成型ジグソー法の内容や教育手法としての有効性を論じることはできないが、それでも一つの教育方法が一方的・画一的に個々の教員に押し付けられることには大きな違和感を覚える。それは生徒の主体性、能動性を強調するのとは裏腹に、教師の専門職としての主体性、能動性を軽視するものだからである。教育方法は、本来さまざまな方法論のなかから、子どもの現実と自己の資質や能力に基づいて、教師自身が主体的に選び取るものでなければならない。そのような選択能力もまた教師の専門職性の一つであるはずだ。

さらに言えば、たんに授業方法の型を変えたからといって、それだけであらゆる授業がうまくいくわけではない。教育の目標と内容、教材の質、子どもやクラスの状態、教師の声や身体性等々授業を支える要素には実に様々なものがある。教育方法は授業を構成する一要素にすぎないのであって、それだけで「よい授

業」が成立するのであれば、もはや教師は専門職である必要はない。機械やロボットに代替することさえ可能であろう。

　またそもそも「能動的」とはどのようなことなのか。他の学生に話したり、他の学生の話を聞いたりしていればそれで能動的に学習していることになるのか。あるいは学生が1人真剣に考えながら授業を聞いているとそれは能動的でないのか。ALとは何か？　と問うた瞬間、われわれは迷宮の中をさまようことになる。

3　迷走する「アクティブ・ラーニング」

　この分野の研究の第一人者とされる松下佳代も、学校現場に生じているAL実践の問題点について言及している。松下は、ALにおいても、講義形式の授業で見られた「学生の学びの質の格差」という課題は解決されておらず、一方で、フリーライダーの出現や、グループワークの非活性化、思考と活動の乖離など、新たな課題が生まれていると指摘する。またベネッセ（2013）「第2回大学生の学習・生活実態調査」をとりあげ、大学教育の現場でALが叫ばれるようになる中で、学生生活について「学生の自主性に任せる」より、「大学の教員が指導・支援するほうがよい」と考える学生が15.3%から30.0%に急増したという調査結果を紹介している。その背景について、松下は、AL型授業が普及するほど学生の受け身の姿勢が強まっていると説明しているが、筆者の見立てでは、問題の背景には、ALという授業方法そのものよりも、今日の大学教育における「質保証」論が関係しているように思われる。「GPAの活用」や「学修や学修成果の管理」という上からの管理が、学生の受動性を醸成しているのである。学生のアクティブな（主体的、能動的）学びを阻害する要因は、教員の一方的な授業よりも、むしろ上からの教育改革そのものが生み出しているのではないだろうか。

　このようなALの課題を踏まえ、松下は「ディープ・アクティブラーニング」という新たな概念を提起する。それは、学習の「能動性」を「外的活動における能動性」と「内的活動における能動性」の二つに区別した上で、その両方に配慮した教育実践のことを指す。従来のALは、学習者の外的活動にのみ目を奪われがちであった。しかしそれは「はい回るアクティブ・ラーニング」とも呼びうる状況を生み出してきた。そこで、ALは、内的活動の能動性に結びつくものでなければならない。つまり、内面における「深い学び」につながるものにしていか

なければならないというのである。

　ここで詳細は論じられないが、松下の議論を読む限り、ディープ・アクティブ・ラーニングすなわち「深い能動的学び」は、外的活動、内的活動、どちらも大事だと言っているにすぎず、活動主義という AL が陥りがちなリスクへの注意喚起の域を出ていないように思われる。むしろ重要なのは、AL を（文科省のいうように）あれこれの教育実践の総称あるいはその中のひとつとして捉えるのではなく、その実践の背景にある学習論のレベルから捉え直すことではないだろうか。つまり AL の寄って立つ根拠を、方法論のレベルでなく、学習論のレベルにまで遡って原理的に検討する必要があるのである。

　さて、文科省も、松下の議論に触発されたのか、学校現場での形式主義的実践を戒め、AL を「主体的・対話的で深い学び」と言い換えるようになった。2016年 8 月に公表された中央教育審議会・教育課程部会「次期学習指導要領等に向けたこれまでの審議のまとめ」には次のような記述がある。

　「これは形式的に対話型を取り入れた授業や特定の指導の型を目指した技術の改善にとどまるものではなく、・・・多様で質の高い学びを引き出すことを意図したものであり、さらにそれを通してどのような資質・能力を育むかという観点から、学習の在り方そのものを問い直すものである。」

　このように述べた後、大切なのは「アクティブ・ラーニング」ではなく「アクティブ・ラーニングの視点」だと述べる。文科省も、学校現場において AL がたんなる授業の型に矮小化され、形骸化されていく事態をみて、あえてそう指摘せざるを得なかったのであろう。

　筆者も、AL を導入するうえで、「どのような資質・能力を育むかという観点から、学習の在り方そのものを問い直す」という視点はやはり重要だと考える。指導の型や方法・技術は、効果的な学習のための一手段にすぎない。まず目的と内容があって、それにふさわしい方法が選択されるのが自然な教育のあり方である。あらかじめ方法が設定されることによって、目的と内容が制約されてしまう可能性を考慮する必要がある。

　さらに 2016 年 12 月の中教審答申「幼稚園、小学校、中学校、高等学校及び特別支援学校の学習指導要領等の改善及び必要な方策等について」では、現場における AL の形骸化を危惧する、次のような文言がある。

　「学習成果につながらない『活動あって学びなし』と批判される授業に陥ったり、特定の教育方法にこだわるあまり、指導の型をなぞるだけで意味のある学び

につながらない授業になってしまったりという恐れも指摘されている。」

そして「学習・指導方法は限りなく存在し得る」と断言した上で、子どもの発達段階や特性、学習スタイルの多様性、教育的ニーズ、学習内容、単元の構成や学習場面等に応じて、「ふさわしい方法を選択しながら、工夫して実践できるようにすることが重要である」と自ら強力に推進してきた AL について方向転換とも読める言及をしている。こうして文科省の文書から AL という言葉はほんど消え、「主体的・対話的で深い学び」という新たな「流行語」に置き換えられることとなったのである。

この転換が、教育委員会や学校現場において、文科省の期待するようなかたちで受けとめられ、うまく授業改革が進んでいくかどうかは、今のところ不明である。しかしながら、文科省の指摘は、われわれ大学関係者にも同様にあてはまるものであることは間違いない。肝要なのは、限りなく存在する指導方法の一つとして教員自らの知見に基づいて AL を選択することである。なぜ講義形式ではなく AL なのか。たんに AL をやれば教員評価や大学評価で受けが良いからか。それとも、目の前にいる学生の知的関心を高め、学びを深めるために最適な方法だと考えるからなのか。問われているのは、自らの授業に AL を取り入れるか否かではなく、自らの授業に AL を取り入れることの教育的有効性に確信を持ち得るかどうかなのである。そのために授業方法の問い直しが必要なのであり、逆に、問い直した結果、講義形式を選択するのであれば、それもまた教育方法としての有効性を持ちうるはずである。

4 アクティブ・ラーニングの学習論

自らの授業方法を問い直し、改善するためには、やはり学習そのものに対する原理的検討は不可欠である。学びとは何か、従来の学びはどのような原理に立ち、それをどう変えていかなければならないのか。学習論あるいは教育哲学を深めることなしに新たな方法を採用する必然性は生まれない。では AL が寄って立つべき学習論とはどのようなものなのか。

AL の登場の背景には、学習論における本質主義（essentialism）から社会的構成主義（social constructionism）への転換があると言われている（田中 2016）。本質主義とは、簡単に言えば、知識は、人間の認識から独立した外在的なものであり、それを子どもの脳内に伝達することを教育と捉える考え方であ

る。これは、われわれの日常的な教育観に近い。人の頭のなかは白いカンヴァスのようなもので、そこに知識を書き込むことが教育だというわけである。

　それに対し社会的構成主義とは、知識は個々の人々の認識とコミュニケーションを通じて構築されるという考え方である。人は、共同体の中で、他者と相互作用することを通じて学ぶのであり、教育とは「伝達」というより「参加」というイメージでとらえられる。例えば社会的構成主義の学習論の一つである正統的周辺参加論は、伝統的徒弟制度を例にあげ、学習を新参者が共同体に参加していくプロセスととらえている。

　これら二つの学習論の違いを、国立教育政策研究所の白水始は、サファードの提起する「獲得メタファ」と「参加メタファ」の概念によって説明している。前者は知識を心の中の容器に入る物としてイメージされ、後者は状況における他者や事物との関わりとしてイメージされる。前者の獲得メタファにおいて、学習とは知識を受け取ったり構成したりしながら豊かにしていくことであり、後者の参加メタファにおいて学習とは、共同体の熟達者や先輩から手ほどきを受けながら、そこでの活動の仕方や語り方を身につけて、一人前のメンバーになっていくことである。これは、学校での学びを「獲得メタファ」でイメージし、職場での学びを「参加メタファ」でイメージするとわかりやすいかもしれない。学校ではより多くの知識を教え込まれ、それらを「獲得する」ことが求められるのに対して、職場では、会社の一員として実践に「参加する」ことを通じて、仕事の仕方を覚え、熟達していくことが求められるのである。

　しかし、ここで重要なのは学習論には二種類あるということではない。「参加メタファ」こそが、学習の本質をとらえたものであり、学校における学びにおいても「獲得メタファ」から「参加メタファ」への転換が求められているのである。たとえば理科の学習とは理科の教科書に示された知識を覚え込むことではない。「理科」的にすなわち科学的に物事を考え何事かに対処する、その仕方を身につけることであり、それは科学的実践の共同体に参加することを意味する。別の言い方をすれば、理科を学ぶこととは、迷信や因習に支配された非合理的な共同体を抜け出し、科学的な思考と実践の共同体に参加していくことを意味するのである。

　その意味で、「参加メタファ」としての学校を、「学びの共同体」と呼ぶことができよう。学ぶとは、学校という共同体に参加していくことであり、一人前のメンバーになっていくということなのである。

5 ギル「学びへの学習」論

　ALの理論的基礎とされる社会的構成主義の学習論をさらに掘り下げるために、ここでは、アメリカの哲学者ジェリー・H・ギルの著書『学びへの学習―新しい教育哲学の試み』を取り上げたい。ギルは必ずしも自身の立場を社会的構成主義に位置づけてはいない。しかしながら、その理論構築において社会的構成主義の思想家たちから大きな影響を受けており、社会的構成主義の考え方がかれの理論の根本を支えていることは間違いない。また本書での議論は大学教育論の文脈で展開されているがゆえに、大学教育におけるALの在り方を考える上でも大いに参考になる。

　ギルは、著書の冒頭で、アメリカの教育の質と方向性に関してはさまざまな議論が存在するが、それらのなかに、知はいかに成立するのか、知り手とはどのような存在か、何を知ることができるのかということについて深く論じたものは見当たらないと述べる。教育改革の議論において方法論だけが先行し、「学びとは何か」というそもそもの議論が置き去りにされているというのである。そこで、ホワイトヘッド、デューイ、フレイレ、ロジャーズの教育哲学、メルロ＝ポンティ、ポランニー、グッドマンらの思想を検討し、そこから「学びへの学習（Learning to Learn）」という新たな学習論を提起する。それは、教育においては、学びの成果よりも学び方そのものが、つまり獲得された結果よりも過程のほうが大切であるという確信に基づくものである。絶えざる社会の変容と技術の革新は知の陳腐化をともなう。獲得したものは早晩その有効性を失い、新たな知の獲得が常に要請され続ける。それゆえ重要なのは「結果」ではなく、「過程」すなわち「学び方」を学ぶことなのである。

　では、かれの学習論の内実を見ていくことにしよう。ギルは次のように言う。

　「知られるものを、一人の知り手である教師が、生徒という知り手になることが期待されている他者の心に伝達する知識という静的な実在であるとみなすような伝統的な理解と教育実践は、このモデルによって排除される」。

　これはいわゆる本質主義的な学習論の否定である。知識は外部から感覚器官を通じて生徒の内部に直接的に伝達されるものではない。にもかかわらず「伝達」としての学習イメージの方がわれわれにはなじみ深い。なぜなら日本の多くの学校は、「外在する知」すなわち教科書に書いてある知識を、子どもたちに説明し、それが子どもたちの頭の中に定着したかどうかを試験によって判断するという授

業と評価の仕方を長年続けてきたからである。またこれまで高校や大学の受験競争も、外在する知識を頭の中にそのまま詰め込み、それを必要な時に取り出せるようになることで勝ち抜くことができた。

だが同時にわれわれは、ただ頭に詰め込みさえすればよいという仕方で獲得した知識には汎用性がなく、社会に出てしまえばほとんど役に立たないということも実感してきた。そのような知は「学校知」と呼ばれ、学校という文脈の中でしか使えない学力として批判的にとらえられてもきた。

ところが、そのような問題意識が多くの教育関係者に共有されてきたにもかかわらず、本質主義的な学習論はいまだに日本の学校教育の根幹を支え続けている。おそらくそれは日本の学校教育が筆記テストによる評価によって実施されてきたこととも関連があるのだろう。できるだけ多くの外部知識を子どもたちに伝え、記憶させ、それがどれだけ頭の中に定着したかを試験によって評価する。このような試験中心の学校教育を続ける以上、そこから脱却することはなかなか困難である。また、AL型の授業を実施したとしても、その成果を従来型の試験で評価するとなれば、ほんらいの学びとは切り離された主体性、能動性にみえるもの（発言回数や手を挙げた回数など）だけが、外形的に評価される事態さえ生まれかねない。

6 知の関係的・相互行為的性質

さて話をギルの議論に戻そう。本質主義の学習論が誤りだとすれば、そもそも知識はいかにして成立するのか。ギルは次のように述べる。

「すべての知は関係のなかで生じる、さらにいえば関係によって構成される。…知が相互行為だとは、参加するなかで理解を表し、身体化するという意味である。…あらゆる知り手は、抽象的シンボルと相互行為する理論的科学者から、ボールの角度とスピードを判断する熟練した運動選手まで、知られるものとの関係に参加することによって知識を獲得し、使用する。要するに、知とは活動であり、おこなうことなのである。」

つまり知識とは所有されるものではなく、従事されるべき活動である。知り手たち同士のあいだの、また知り手たちと環境とのあいだの相互行為を通じて、知は立ち現れてくるものであり、その「あいだ」に参加する営みが学びなのである。知の過程が関係的・相互行為的なものであるとするならば、学生に事実や概

念を提示するだけの講義形式の授業は明らかな欠陥を持つことになる。なぜなら
それは、知り手たちが相互行為を通じて知を生み出していく機会を奪うことにつ
ながるからである。

　この「知の関係的性質の次元」において重要なのが、「対話」すなわちコミュ
ニケーションであり、それを可能にする媒介物が言語である。われわれは言語に
よって考えをやり取りしたり、主題について説明や質問をおこなったりする。そ
のような対話の過程には、知識を理解し、探究し、創造するうえで基本となるも
のが含まれている。ここで、われわれが陥りがちな議論として注意しておきたい
のが、基礎的知識の修得がまずあって、それを用いることで初めて豊かな対話あ
るいは学びが可能になるという考え方である。しかし、それでは結局、従来の知
識伝達型の学びが優先されることになり、対話的な学びは後回しになってしま
う。このようにどちらが先かという議論に陥ってしまうのは、知の過程がほんら
い関係的・相互行為的なものであるということがとらえ損ねられているからであ
る。

　そこで重要となるのが、「身体」もまた知の過程を支えているという認識であ
る。知の過程はつねにわれわれの身体を通じて媒介される。学びとは、まずは関
係的な行為であるが、その関係性を支えるのは言語によるコミュニケーションだ
けではない。それは同時に身体によって支えられているのである。そして、知る
という活動に関連する人間の身体化の重要な次元が「暗黙知」である。「暗黙知」
とは、言語化できない知の次元であり、それゆえにそれを分析の対象として扱う
には困難が伴う。しかし、身体化のレベルで生じる学びは、「かん」や「こつ」
という言葉で日常的にわれわれが経験しているものである。自転車に乗ることが
できるからといって、そこでの知識を言葉で完全に説明できる者はいない。多く
の人ごみのなかで、探している人の顔を特定できたとしても、どのようにして
それができたのかを言うことはできない。このように知識の多くは言語化できない
暗黙的性質を持つ。それを獲得するための道具が身体なのである。従来の学習論
は、精神と身体を区別し、学びをもっぱら精神の活動として理解してきた。その
ために知識の修得が応用や実践と切り離されてきたのである。

　ギルも、特に大学教育の場合、学習過程の身体的次元について考慮されること
はまずないと指摘する。ほとんどの授業で、多くの学生が固定した席に並べら
れ、そこにずっと座ったままで講義を聞く。学生たちの運動感覚的な身体は無視
あるいは敵視される。講義で一方的に話をされ、座席の配列も直線的にデザイン

されているため、教室にいる学生は、何らかの対話が起こることのないように配置されている。これは、知の過程の身体的な性質と矛盾するだけではなく、相互行為と対話を含む、関係性にかかわる条件を排除しているのである。

文科省も学校教育における「言語活動」の重要性をさかんに強調するが、身体の次元については看過しているように思われる。しかし、われわれは言語のみで他者や世界と相互行為しているわけではない。たしかにネット社会は言語コミュニケーションのみで成立しているのかもしれない。そこでは身体をさらす必要がないから、安心して自己を表現できると言われるが、同時に身体が隠されているために、相手を十分に理解することができず、また相手に対する配慮を欠き、言葉の暴力に陥ることさえある。身体性を欠いた学びは、「言葉」だけの、リアリティなき空虚な知を生み出すことになりはしないだろうか。

7　知の過程をつくりだす大学教育

では大学教育において、どうすれば知の過程を促すような教育的文脈をつくり出すことができるのだろうか。また学生たちの学びの過程の進展を把握するには何を指標にすればよいのだろうか。

ギルは、上記の学習論を背景に、以下の5つの「大学の教室での実践的目標」を掲げ、それを指標として自らの大学教育実践を展開している。

1) 所与の授業科目での一般的な主題に付随する観念、論点、問題との「出会い」（能動的かかわり）。それゆえ授業科目の基本的な形式は討論でなければならない。

2) 学生たちが論点や考えと相対するなかで、あらゆる観点への、とくに自分とは違う考えへの共感を発達させるよう促す。

3) 学生の理解力を高める。
   ①　分析、すなわち考えあるいは観点の本質的な意味を把握する。
   ②　所与の理論や観点が何を前提にしているのかを明らかにする。
   ③　学生たちにある理論あるいは理由づけの方向がどのような帰結をもたらすのかを問う。

4) 討論の過程を通じて学習者たちが自分自身の洞察力を発達させる。

5) 認知過程で相互作用している知識、スキル、洞察の結果として起こる、あるいはそれらと調和する行為に取り組む。知識は、行動のレベルでその人の生

に組み入れられる場合にのみ真の知識となる。

　ギルの掲げる実践的目標をみると、かれが学びというものを、出会い→共感→理解→洞察→行動という一連のプロセスとしてとらえていることがわかる。しかも、プロセスの仕上げとして「行動」をあげた点は注目に値する。行動を通じて知を自分のものにする際の形式には、教室のなかで働くものもあれば、教室の外で、すなわち地域やその後の人生において応用される場合もある。授業開始当初は、おぼつかない学生たちが、その後の学習過程を通じて、課題や概念についてより巧みに議論し、発表できるようになっていく。それはたんなる記憶した情報の多さよりも、認知活動の水準の高まりをより的確に示すものである。そして本当に認知過程に参加することを学んだ者は、その後の職業選択や政治的判断、人間関係においてより高い成熟レベルを示すはずだとギルはいう。

　ギルの議論は、大学における哲学の授業を前提としており、それゆえに「討論」という授業形態が重視されている。しかし、「知とは従事されるべき活動である」というかれの定義にしたがうならば、知の過程は、教室のなかでの討論にとどまるものではなく、教室の外のより広い世界での実践活動においても生じるはずである。いや教室内に閉じられた相互作用を超えて、より広い環境世界やより多様な他者と相互行為することによってこそ、知はよりひらかれた、かつリアルなものになるのではないか。

　そこで筆者はギルの示した「5つの実践目標」を次のような「学びの過程のサイクル」として再構成したい。

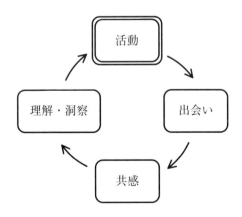

　ここではギルの概念にいくつかの変更を加えている。「理解」と「洞察」を一

つのくくりにすることで、「洞察」は、より深い「理解」の形態であり、「理解」は常に「洞察」へと高められるべきものであることを示した。また「行動」を「活動」という概念に置き換えたのは、「活動」のほうが、課題解決に向けた目的意識的な行為を指す場合には、より適切な用語だと考えたからである。「活動」、「出会い」、「共感」、「理解・洞察」は、学びの過程における４つの要素を示しており、まずは「活動」がその起点となる。活動には、討論だけでなく、フィールドワークなどの体験的活動も含まれる。例えば、課題解決型のフィールドワーク授業では、学生は地域に入り、そこで他者と出会い、さらにはその地域が抱える課題と出会う。そして、住民や仲間、資料と向き合うこと（相互行為）を通じて、何らかの共感が生まれ、それが当該の課題を解決したいという意欲や主体性の醸成をうながす。それはまた理解と洞察を深めようとする動機にもなる。そして、より深い理解と洞察の結果、課題解決に向けた新たな活動が始められるのである。

　こうした過程を繰り返すこと自体が、学びの過程であり、そこで学生たちは問題解決のためのスキルを身につけると同時に、他者と協働して何事かを成し遂げるために必要な資質能力を高めていく。それは、最後まであきらめない粘り強さであったり、強い責任感であったり、ときには他者とぶつかり合いながらも良好な人間関係をつくっていくコミュニケーション・スキルであったりする。文科省の言う「汎用的能力」（ジェネリック・スキル）も、教室という場でテキストとの相互行為に「閉じられた学び」ではなく、教室を越え、現実世界や異質な他者との相互行為へと「開かれた学び」においてこそより良く発達するものであるはずだ。

　AL において「深い学び」を実現するために必要なのは、外的活動と内的活動を区別し、たんにそのバランスに配慮することではない。なぜならギルの議論にしたがえば、外的活動（身体）と内的活動（精神）はほんらい区別されるものではないからだ。知は、精神内部の働きではなく、身体を媒介した他者や環境との相互作用を通じて形成される。そして真の学びは、実践的には、学生たちが「活動」、「出会い」、「共感」、「理解・洞察」の４つからなる「学びの過程のサイクル」に参加することによって可能となるのである。

8 おわりに

　本稿では、学びとは何かを探求することで、アクティブ・ラーニングを実践することの意義を明らかにしてきたつもりである。しかし一方的に知識を伝達する行為はほんらいの教育ではないといくら強調したところで、大学教育の現場では、より多くの学生に知識を伝授するために構造化された教室形態が主流であり、経済的事情から大規模クラスを解消することも簡単ではない。また日本の大学では、「教育は、知の過程、学びへの学習と関係するのであって、資格授与に利用しようと目論むべきではない」というギルの批判とは裏腹に、単位や資格授与による学習への動機づけが教員個人だけでなく、たとえば「GPAの進級、卒業、退学等への活用」の推進など政策レベルで行われている。大学での学びがたんなる目的達成の手段に過ぎないのであれば、相互行為的な学びは、遠回りで非効率なものとみなされ、むしろ忌避されるだろう。

　学生たちを「学びへの学習」に導くためには、学生たち自身に教育の責任をとらせることが必要だとギルは言う。ところが、教育をサービスととらえる昨今の風潮は、教育に対する学生の受動性をいよいよ高めている。文科省が、いくら能動的学びを強調しても、他方で行政みずからが、学生から学びの能動性や主体性を奪うような教育改革を推し進めている現実がある。ディプロマ・ポリシーであらかじめ学生の学びの達成目標を設定し、カリキュラム・ポリシーで学び方を枠づけ、さらにかれらの学びの達成度（学習成果）を計測するよう大学に求めている。そこにおいて、学生は明らかに操作されるべき客体とみなされており、かれらを責任ある主体とみなそうとする発想は皆無である。

　しかしだからこそ、大学教育においてアクティブ・ラーニングを追求することには意義があると考えたい。つまりアクティブ・ラーニングの実践に、オルタナティブな、あるいは対抗的な大学教育改革の可能性を見出したいのである。そのためには、個々人の計測可能な学びの成果よりも、対話的・相互作用的な学びのプロセスにこそ学習の本質があるという「学びへの学習」論の視点に立った授業改革、カリキュラム改革が追求される必要がある。

　今日の大学は、認証評価や競争的資金によって、つねに政府への「自発的服従」を求められている。法律で、教授会自治を排除し、学長権限を強化したのも、政府のコントロールを容易にするためである。いまや大学は、政府によって一方的に伝達される政策文書を、絶対的真理とみなし、それを無批判に受け入れ

実行する機関にすぎなくなっている。

　ブラジルの教育思想家パウロ・フレイレは、教師が生徒に一方的に知識を伝達する教育に対して、それは支配者に対して無条件に服従する国民の態度をつくり出してきたと批判した。そしてそれに対抗するものとして、問題解決型教育あるいは対話的教育を提唱した。これはそのまま日本の学校教育の現状にあてはまる。「学びへの学習」すなわちもう一つのアクティブ・ラーニングがなぜ必要なのか。それは、グローバル競争に勝ち抜く人材の養成という経済界の期待に応えるためか。いやもっと重要なのは、社会の抱える様々な問題を解決するために探求し協働し続ける主体、つまり真の意味でアクティブに学び続ける主体的市民を形成することではないか。

参考文献

国立教育研究所編（2016）『国研ライブラリー資質・能力［理論編］』東洋館出版社.

ジェリー・H・ギル、田中昌弥、小玉重夫、小林大祐訳（2003）『学びへの学習—新しい教育哲学の試み』青木書店.

松下佳代・京都大学高等教育研究開発推進センター編著（2015）『ディープ・アクティブラーニング』勁草書房.

田中昌弥（2016）「アクティブ・ラーニングの背景と課題」民主教育研究所編『人間と教育』No91 旬報社.

第2章

FD活動を通じた本学の授業改革

金子智栄子

1　文部科学省におけるFDの制度化過程

　18歳人口の減少に伴って、日本の大学が全入時代に突入している。その一方で、グローバルな競争が展開される知識基盤社会の時代を迎え、諸外国と渡り合える資質・能力を備えた人材の養成を学士レベルで維持・強化していくことが重要となっている。また、グローバル化は日本人学生の留学、あるいは海外からの留学生の受け入れを促進し、教育の質保証のために「学士」の称号に伴う最低限の能力の保障をしなければならない状況になっている。

　平成20（2008）年の中央教育審議会答申『学士課程教育の構築に向けて』では、大学教育の教育観を教員中心から、学生中心へと転換することの必要性が強調された。つまり、大学教育において、「教員が何を、どれだけ教えるのか」という観点よりも、「学生が何を学んだか、何ができるようになったか」というラーニングアウトカムの観点が重視されるようになった。そして、学士課程共通の「学習成果」に関する参考指標を「学士力」として、その達成が大学に求められるようになったのである。

　さらに、その答申では、「3つの方針」である「学位授与方針（DP：ディプロマ・ポリシー）」「教育課程編成・実施の方針（CP：カリキュラム・ポリシー）」「入学者受け入れの方針（AP：アドミッション・ポリシー）」が明確にされ、大学は、4年間で学生をいかに育成するかが問われている。そこで、教員及び職員の職能開発として、FD（ファカルティ・ディベロップメント）及びSD（スタッフ・ディベロップメント）をより一層組織的に推進し、これら「3つの方針」に基づく教育を行うことが重要となってきたのである。

　大学教育において、FDが努力義務化されたのは平成11（1999）年だったが、義務化されたのは、大学院課程で平成19（2007）年、学士課程ではその翌年の

平成 20（2008）年である。その間、FD では、大学教育の変革の中心的かつ基盤的事項として既に様々な取り組みがなされている。表1に FD 制度化の主な流れを記載するので、参照されたい。

表1　FD 制度化の沿革（主要事項）

平成3（1991）年7月	大学設置基準の改正	大学における教育を担当するにふさわしい教育上の能力を有する（第14条等）
平成10（1998）年10月	大学審答申『21世紀の大学像と今後の改善方策について』	各大学は、個々の教員の教育内容・方法の改善のため、全学的にあるいは学部・学科全体で、それぞれの大学等の理念・目標や教育内容・方法についての組織的な研究・研修（ファカルティ・ディベロップメント）の実施に努めるものとする旨を大学設置基準において明確にすることが必要
平成11（1999）年9月		大学は、当該大学の授業の内容及び方法の改善を図るための組織的な研修及び研究の実施に努めなければならない（第25条の2） FD の努力義務化
平成16（2004）年4月	認証評価機関による大学評価が法制化	大学評価・学位授与機構の大学評価において「基準9.教育の質の向上及び改善のためのシステム」が設定
平成17（2005）年9月	中教審答申『新時代の大学院教育』	大学院は、当該大学院の授業及び研究指導の内容及び方法の改善を図るための組織的な研修及び研究を実施するものとする（第14条の3）
平成18（2006）年12月	教育基本法の改正	大学に関する条文が新設（第7条）、教員に関する条文が改訂（第9条） 学校の教員は、自己の崇高な使命を深く自覚し、絶えず研究と修養に励み、その職責の遂行に努めなければならない（第1項）、前項の教員については、……養成と研修の充実が図られなければならない（第2項）（波線部追記）
平成19（2007）年4月		大学院課程における FD の義務化
平成20（2008）年4月		授業の内容及び方法の改善を図るための組織的な研修及び研究を実施するものとする（第25条の2） 学士課程等における FD の義務化

山田剛史（2010）より引用

2　文京学院大学における FD の制度化

文京学院大学においては、平成25（2013）年4月1日から「文京学院大学 FD・SD 規程」（資料1）が施行され、教職員が、自立的かつ定期的に自己の教

育研究活動や業務を見直すことによって、教職員自身の意識改革を促し、本学の教育研究活動や業務等の活性化とレベルの向上を図っている。また、組織として定期的、総合的に研修を行うことによって、本学全体および学部・学科の教育目標の実現と事務職員の業務課題の改善に役立てている。

資料1　文京学院大学 FD・SD 規程（一部抜粋）

（趣　旨）

第1条　この規程は、大学設置基準第25条の2及び本学学則第2条に基づいて、文京学院大学教員の授業の内容及び方法の改善、事務職員の業務の向上・改善を図るための組織的な研修及び研究の実施について定める。

　教職員は、学士課程教育の実践に直接又は間接に携わり、相互に連携して管理運営等を担うことが求められており、教学経営にあたっては、学士課程教育の実践と管理運営を担う教職員の資質と能力に負うところが極めて大きいという認識に立って、教職員の職能開発に着目し、ファカルティ・ディベロップメント（以下、「FD」という。）やスタッフ・ディベロップメント（以下、「SD」という。）について、それぞれの改善充実の方策を含めてこの規定によるものとする。なお、教職員の協働関係の確立という観点からは、FD や SD の場や機会を峻別する必要は無く、目的に応じて柔軟な取組をしていくことが望まれることから、FD・SD 規程として、一つの規程で定めるものとする。

（目　的）

第2条　FD・SD は、次の各号に掲げる目的のために実施する。

一　教職員が、自立的かつ定期的に自己の教育研究活動や業務を見直すことによって、教職員自身の意識改革を促すとともに、本学の教育研究活動や業務等の活性化とレベルの向上を図る。

二　組織として定期的、総合的に研修を行うことによって、本学全体および学部・学科の教育目標の実現と事務職員の業務課題の改善に資する。

三　FD・SD を通じて、社会に対して本学の高等教育機関としての教育研究の質を保証する。

（対象者）

第3条　FD の対象者は、本学常勤の教育職員のうち、教授、准教授、講師、助教および助手とする。

2　SD の対象者は、本学常勤の事務職員とする。

3　実務家教員や非常勤教員に対する FD の場や機会の提供についても配慮する。

全学的な FD・SD 研修会は年に 1 回実施されており、平成 24（2012）年度か
らの 5 年間は表 2 にまとめたので、参照されたい。「教学 IR」、「ルーブリック
ス」、「発達障害」、「アクティブ・ラーニング」など、著名な講師を招いての分か
りやすい講義で、現代の大学が抱えている喫緊の問題にどのように対応していけ
ばいいのかを検討する有意義な内容となっている。特に教員だけでなく職員も共
に参加することで、本学の課題を共有し大学コミュニティとして協働で対処して
いく体制が築かれる機会となっている。なお、教職員研修は年 2 回、実施されて
いる。学部の FD 委員会では、全学研修会での学びを持ち帰って、学部内で応用
し進展するように努めている。

表 2　全学 FD・SD 研修会（文京学院大学：平成 24（2012）年度～平成 28（2016）年度）

回数	日時	基調講演
1	平成 25 年 2 月 27 日（水） 13：00～17：10	Ⅰ．世界の第一線で活躍する財界トップに聞く「グローバル人材の育成」 　　　　　　　　　　　　　　　株式会社ロッテホールディングス、 　　　　　　　　　　株式会社ロッテ代表取締役社長　佃孝之　氏 Ⅱ．中央教育審議会答申「大学教育の質的転換」を読み解く 　　　　　　　　　　　　　　　　　愛媛大学教授　小林直人　氏
2	平成 26 年 2 月 27 日（木） 13：30～16：45	Ⅰ．IR で教学をマネジメントする（実践・進化のステージへ） 　　　　　　同志社大学社会学部教授　学習支援・教育開発センター長 　　　　　　　　　　　　　初年次教育学会常任理事　山田礼子　氏
3	平成 27 年 2 月 25 日（水） 12：45～17：00	Ⅰ．教学 IR への組織的対応について～2013 年私大調査からの示唆～ 　　　　　　　　　　　　　　　　　早稲田大学　沖清豪　氏 Ⅱ．データに基づく組織的な教育改善をどのように行うか 　　　　　　　　　　　　　　　　　愛媛大学　山田剛史氏
4	平成 28 年 3 月 1 日（火） 13：30～17：00	Ⅰ．ルーブリックス作成について 　　　　　　　　　　　　　　　　上越教育大学　城間祥子　氏 Ⅱ．ルーブリックスと教学 IR・学修成果の測定 　　　　　　　　　　　　　　　　京都大学　山田剛史　氏
5	平成 29 年 2 月 9 日（木） 13：00～17：00	Ⅰ．「発達障害とは」 　　　　　　　　　　　　本学人間学部教授　伊藤英夫 Ⅱ．本学学生相談室からの報告 　　　　　　　　　　　　本学学生相談室カウンセラー 　　　　　　　　　　　　本郷キャンパス　柳瀬明日香 　　　　　　　　　　　　ふじみ野キャンパス　諏訪智子 Ⅲ．「発達障害とアクティブラーニング」 　　　　　　　　　　　　徳島文理大学教授　青野透　氏 Ⅳ．「障害学生支援の組織体制と見える化」 　　　　　　　　　　　　昭和女子大学准教授　望月由起　氏

3 人間学部の FD 活動

平成 25 年（2013 年）「文京学院大学 FD・SD 規程」（資料 1 参照）において、全学 FD 委員会の下部組織として各学部に FD 委員会が設置された。当時の全学 FD 委員長より、各学部の FD 研修に対して以下の 3 つの要望が出され、全学 FD 研修会にて学部の FD 研修の成果を発表することが依頼された。

要望　①相互の授業参観を実施すること
　　　②FD 研修の実践記録（年報など）を作成すること
　　　③特にアクティブ・ラーニングを取り上げること

全学 FD 委員会の要望を加味しながら、人間学部では FD 委員会による FD 活動が開始された。人間学部の FD 活動による授業改革は、参観の伴う授業研究を中心にした時期（平成 25（2013）年度〜平成 27（2015）年度）、学科単位のアクティブ・ラーニングを中心にした時期（平成 28（2016）年度）の 2 つに大別される。まず、授業研究を主体にした授業改革について報告する。

(1) 授業研究を主体とした授業改革

FD（ファカルティ・ディベロップメント）とは、文部科学省の定義では、大学教員が授業内容・方法を改善し向上させるための組織的取り組みとされている。FD の世界では、IR（インスティテューショナル・リサーチ）、ID（インストラクショナル・デザイン）などを活用して、授業改善を数値によって可視化する試みが多い。確かに、数値による可視化は理解しやすく、有効な評価手段と考える。ただし、数値だけではなく、大学という教育現場の状況を把握して、改善策を学部コミュニティの構成員全員で考えることが不可欠と考える。大学教育が扱うのは、抽象的・一般的な学生ではなく、現実の個々の学生であることを考えると、学部学科の学生の特徴を捉えて、顔を突き合わせて学生たちと真剣に向き合い、より効果的な教育方法を共に考案することによってこそ、大学教育を変えていくことができると考える。

実際に、FD という概念やそれに伴う答申とは関係なく、常に学生を主体にして教育改善を進めてきた大学教員は多い。これは、教員評価のために生まれてきたものではなく、学生の「キラキラ」とした目の輝きを教員自らの喜びとして、自然に生まれたものなのである。

人間学部の FD 委員会では、授業についての参観と評価を行うことで教員の教

育方法や授業技術の向上を図り、さらに学部 FD 研修会にて報告することで学部教員全体の教育技術の向上に寄与することを目的にした。もちろん、全学 FD 委員会の要望をも加味した取り組みであるが、今、振り返ってみると、大学教員に対してはかなりハードな取り組みだったのかもしれない。研修は授業研究の形式をとり、「授業案作成→授業参観→教授者・受講学生ならびに参観教員からの授業評価→FD 委員会での検討会→学部 FD 研修会での報告」という経過をたどり、学部の教員全体で学びを共有するシステムになっている。

　人間学部では、素晴らしい模範的な授業というよりも、日々教員が行ってきた授業の工夫を学ぶことを積み重ねて、学部の教員全員の教授力の向上を目指したのである。また、教授者が、気楽に自分の困っていることを相談できるような体制を作りたかったのも、意図としてあった。理論的な整理よりも、教授者が苦心や工夫をできるだけ具体的に自然に語ることによって、日々努力と試行錯誤を重ねている参観教員が、何がしかのヒントを得るのではないかと考えたのである。

　ただし、相互の授業参観の実現は簡単な事ではなかった。

　文部科学省が全国国公私立全ての大学を対象に実施している「大学における教育内容等の改革状況について」で、FD（教員の職能開発）は、学士課程で FD が義務化された平成 20（2008）年度では、727 大学（約 97%）のほとんど全ての大学で実施されている。内容面では、「学生による授業評価アンケート」の実施率が、597 大学（約 80%）（国立 64 大学；約 74%、公立 59 大学；約 79%、私立 474 大学；約 81%）と高く、次に研修会（約 70%）、教育方法改善のための講演会（約 64%）、教員相互の授業参観（約 51%）、教育方法改善のための授業検討会の開催（約 40%）と続いている。本学の人間学部が意図している教員相互の授業評価（約 21%）は少ない。さらに、平成 26（2014）年度では、781 大学（国立 86 大学、公立 92 大学、私立 603 大学）のうち教員相互の授業参観は約 55% で、教員相互の授業評価は約 17% と依然として少数にとどまっていた。

　大学教員は教科の専門性が高いため、小中学校のように協働して授業研究を行うことは難しく、まして評価が伴うとなるとおこがましいと思う教員も多いだろう。また、大学教員は必ずしも教員免許を持っているわけではなく、授業を参観されることには慣れていないこともあり、拒否感が強いと考える。

　人間学部における参観と評価が伴う授業研究は、平成 25（2013）年度から平成 27（2015）年度の 3 年間実施された。

当時の学部長・伊藤英夫先生のもと、1年任期のFD委員が任命され、教授者となった。その授業は、人間学部の教員なら誰もが参観可能であり、教授者・参観者・受講学生の3者の授業評価をもとに毎月開催されるFD委員会にて討議して問題点を明確にし、それを学部FD研修会での討議の柱にした。討議では問題解決のために全教員が知恵を絞った。学部研修会の成果確認のためのアンケートでは、当初はお世辞にも好評とは言えなかったものの、3年目はほぼ全員が有効性を認めており、報告書を毎年作成して記録を残して成果を伝えるようにした。

3年間を特徴づけると、1年目は大学における授業研究の方法を策定して試行した年、いわば授業改革の「導入期」といえる。2年目は教授者（FD委員）を2倍に増員して授業研究を実施した年、いわば「定着期」と考える。3年目は今までの反省を集大成した「安定期」と考える。以下に3年間の取り組みを、年度を追って詳しく記載する。

導入期：平成25（2013）年度
①前期

FD委員会の設置1年目である平成25（2013）年度は、前期に授業研究の方法を策定することにした。特に大学教員は教員免許を有していないことから、授業案や評価表も記入しやすい書式のものを独自に作成する必要があった。児童発達学科は教職課程を有しており、多くの教員が教員免許状を取得している。そこで児童発達学科の協力を得えて、まずはFD委員長で児童発達学科教員である筆者が6月3日に授業を行い、学科にて検討会を行った。さらに検討結果を7月に開催された前期学部FD研修会にて報告し、学部の全教員に査証してもらい、人間学部の授業研究方法を策定した。

学部FD研修会は7月23日に実施されたが、報告内容などの詳細は資料2に示す。

資料2　学部FD研修会における最初の授業報告　（平成25（2013）年度前期）

1. 実施日時	：2013年6月3日（月）1限
2. 科目	：保育内容総論
3. 教授者	：金子智栄子（児童発達学科）
4. 受講者	：児童発達学科1年次学生130名
5. 参加者	：FD委員；金子（教授者）、小林（コミ社・FD委員　記録）、

　　　　　児童発達学科：小栗、小澤、加須屋、椛島、木村（浩）、松村、

　　　　　　　　森下、柄田（記録）　　　（以上 10 名　敬称略）

6. 時間・場所：授業　　　9：10～9：45（約 35 分）　　W201　教室

　　　　　　　検討会　9：55～10：35（約 40 分）　　W301S 教室

7. 授業について

1) テーマ：保育者の役割；保育者が子どもの人格形成に与える影響

2) 到達目標：発達初期の子どもと保育者との適切な相互交渉が良好な愛着を形成し、それが将来の子どもの人格発達の土台となることを理解する。

3) 内容：自作のビデオ教材を基に母子相互交渉の場面を提供し、母親や父親の子どもの状態に合わせた適切な対応が損なわれると、親と子の良好な相互交渉が行われないことを明確にして、愛着形成における養育者（保育者）の対応の重要性を示した。そのうえで、愛着形成はその後の対人態度を形成する重要な要因であることを論じた。

8. 児童発達学科での討議内容：100 名以上の受講者のいる授業だったために、いかに学生を集中させ真剣に授業に取り組ませるかが話題の中心になり、①ゆっくりと話すこと、②机間巡視、③座席指定、④授業内での VTR 視聴の時期などについて助言を頂いた。翌日からの授業に役立てることができ、学生が注意を集中しているという実感がもてて、金子自身が授業をすることがより楽しくなった。授業参観は、教授者にとって緊張することではあるが、それゆえに真剣に自分の授業を検討する機会になると実感した。

9. 研修会でのグループ討議のテーマ：授業で工夫していることなど、6 グループに分かれて討議したところ、大規模授業についての工夫が最も多く、ネットの画像共有やクリッカー等の活用、グループ単位の課題学習と発表などが挙げられていた。その他は、アクティブ・ラーニングの可能性と限界に関するものが多かった。

10. 研修会アンケートの結果

　①人間学部 FD の進め方については、31 人中『良い』（16%）、『普通』（81%）で、「グループ討論のテーマを提示したほうが良い」という意見が 5 件あり、最も多かった。②研修会全体については『良い』（16%）、『普通』（77%）で、③授業研究については『良い』（16%）、『普通』（68%）で「興味深かった」という感想が 3 件あったものの、「アクティブ・ラーニングについて知りたい」が 2 件あった。

　資料 2 において、「10．研修アンケートの結果」では、①②③のどの項目も

『良い』が16％と残念な評価ではあったが、授業案と授業評価の形式には賛同を得られた。そこで、授業研究を継続して行い、後期のFD研修会では、前期の要望を取り上げてテーマを設定した討議を行うことにした。

なお、授業評価表については資料3に示したので参考にされたい。

資料3　授業評価表

> あなたの立場を選んで○で囲んでください。受講者（学生）・参観者・教授者
>
> 　次の各内容を読んでa～eの中から当てはまるものを1つ選んで○で囲んでください
>
> 1. 受講者について
> 1) 聴講態度・・・・・・・a 大変良い、b 良い、c 普通、d 悪い、e 大変悪い
> （傾聴、ノートの取り方など）
> 2) 課題への取り組み方・・a 大変良い、b 良い、c 普通、d 悪い、e 大変悪い
> （アクティブ・ラーニングなど）
>
> 2. 教授者について
> 1) 授業内容・・・・・・・a 大変良い、b 良い、c 普通、d 悪い、e 大変悪い
> （授業目標の達成度、学習の有効性など）
> 2) 授業展開・・・・・・・a 大変良い、b 良い、c 普通、d 悪い、e 大変悪い
> （興味・関心の高め方、説明の仕方）
> 3) 教材の活用・・・・・・a 大変良い、b 良い、c 普通、d 悪い、e 大変悪い
> （プリント、ビデオ、パワーポイントなど）
>
> 3. 感想・意見（ご自由にお書き下さい）

②後期

後期は各学科のFD委員が授業研究の報告を行った。小林宏美先生の授業研究からはビデオ映像の提示について、中島修先生からはパワーポイントの資料について、伊藤英夫先生からは演習授業の組み立てや出席の取り方について、島田栄子先生からは授業での対話の導入について、などが報告された。いずれも明日からの授業にすぐに取り入れられるものであった。

討議のテーマとして「1、授業の構成について」、「2、資料について」、「3、出

席の取り方について」の３つを設定して、6〜7名のグループに分かれ話し合い、その内容を発表してもらった。

FD 研修会にて「②今年度の FD 委員会の活動は、前期に授業研究方法を策定して、後期に FD 委員が参観を伴う授業研究を行いました。この FD について」の回答を求めたところ、37 人中 19 人（52％）が『良い』を選択しており、前期が 16％であったのに比べると、かなり向上したと考えられた。『良い』を選択した理由に、「具体的なモデルとして規模、目的が違う授業を提示され討論がしやすい」「方法としてはよい」「パワポの資料配布の是非についても他の教員の意見が聞けた」「各学科の授業研究とグループ討議を行うことで課題が明確になってきた」「前・後期の関連がありよかった」「それぞれ異なる領域、形式の授業の取り組みを学ぶことができた」などがあり、授業の組み立てや資料提示などで教員の学びの機会となったと考えられる。また、「参観を伴う FD は全教員を対象に行ってもよいのではと思った」のように、授業研究の必要性を示唆する回答もあった。また、「③自分が参観を伴う授業研究を行うことについて」に対して、『わからない』を選択した教員が最も多くて 57％であったが、『やってもよい』は12 人（32％）で３分の１もいた。今後、参観を伴う授業研究が定着することが予想できた。これは、組織的な FD 活動が活性する兆しとも受け止められ、導入としての FD 活動の成果が実感できた。

定着期：平成 26（2014）年度

設置２年目は、組織的な FD 活動の定着を目指して委員を増員し、各学科から約２名の教員が代表として選出された。それは前年度の委員定数の約２倍にあたる人数である。前期と後期に分かれて、学科別に１名の教員が授業研究を行い、全教員の参観が可能となった。

前期には、①湯浅典人先生「社会福祉入門」、②加須屋裕子先生「第二言語習得」、③宮本和彦先生「社会学Ⅰ」、④伊藤裕子先生「心理学基礎演習Ⅰ」の４名が授業研究を行った。研修会では、授業研究の報告の後、「学生の理解度の違いへの対応について」をテーマに、学科ごとにグループに分かれて討議を行った。人数配分を適正にするために、コミュニケーション社会学科を１グループとし、他の３学科を２つに分けて７グループを構成した。心理学科からは、学生が聴いて理解する力が弱くなっている現状に対する工夫、人間福祉学科からは、国家資

格に絡む授業での工夫、児童発達学科では、複数の教員が協力し合って学力を向上させる工夫、コミュニケーション社会学科では、能力別授業編成の工夫などが報告された。なお、埼玉東萌短期大学の先生方が5名も参加してくださり、次のコメントを下さった。

「大学教育として、社会の入り口として、また、資格取得で忙しいということで、全体としての質の維持について、先生方は課題を感じていることを勉強させていただきました。また、リアクションペーパーの活用などの学生の理解への把握といった双方向な授業展開を工夫されていることも感じました。小テストや授業の中でのディスカッションなどを通じて、自身の理解度を気づかせる機会であり、教員も理解度を把握する機会という、両方に働くものであるということを学ばせていただきました。」

アンケート結果では、「①授業研究の報告について参考になりましたか？」では『はい』が83%、「②グループ討議は参考になりましたか？」では『はい』が94%で、約9割が有効性を認めていた。「③研修内容について」は『適当』が68%で、研修会の効果が認められたものの、授業研究の報告の時間が短く、内容の把握がしにくいという感想があった。そこで、後期はビデオ録画の視聴を取り入れることにした。

後期は、①山﨑幸子先生「カウンセリング論」、②小栗俊之先生「体育運動方法演習」、③奈良環先生「レクリエーション援助」の3名の先生方の授業研究が行われた。期末のFD研修会では、授業研究の報告の後、「課題への取り組みをどのように促すか」をテーマに、学科ごとに7つのグループに分かれて討議を行った。どの学科においても、課題の取り組みを促すには、課題の意味づけ、その課題を「なぜ今するのか」を学生にしっかりと示す必要があるという意見がでた。また、リアクションペーパーの有効活用や、課題を終了させないと成り立たない授業にするなど、課題後のフィードバックにも力を入れる工夫が報告された。

保健医療技術学部の飯島史郎先生からは「教員間の授業参観は大変に良い制度であり、保持し続けていってほしい。」との励ましのお言葉を頂いた。

アンケート結果では、「①授業研究の報告について参考になりましたか？」では『はい』が90%、「②グループ討議は参考になりましたか？」では『はい』が86%で、9割程度が有効性を認めていた。「③研修内容について」は『適当』が

82％で、アンケート結果を基に、要望を取り入れてビデオ映像を導入した効果と考える。昨年度のアンケート結果では、「②今年度のFD委員会の活動は、前期に授業研究方法を策定して、後期にFD委員が参観を伴う授業研究を行いました。このFDについて」で、『良い』が52％であったことを考慮すると、FD活動が進展していることが伺えた。

　授業研究の有効性は、授業を実践した先生方は実感しており、今後も相互の授業参観を伴う授業研究が継続することが、最終のFD委員会で確認された。FD活動としての授業研究が定着したと考えられる。

　この年度の、FD活動の特徴は、「委員の増員に伴う授業研究回数の増加」「学部全員の授業参観」「ビデオ視聴を伴うリアリティある授業研究報告」の3点にあった。ただし、研修会にて「授業報告は参考になるが、授業内容によって違いがあるのでグループ討議には結びつかなかった」という意見が目立ったことから、それを次年度のFD研修の改善点とすることにした。

安定期：平成27（2015）年度

　前年度と同様に、教員相互の授業参観にて教員の教育方法や授業技術の向上を図り、学部FD研修会を通して、学部教員全体の教育技術の向上に寄与することを目的にした。前年度と比較して発展した点は、授業研究の報告者が各自でテーマを設定してグループ討議を行うように変更し、発表内容とグループ討議が関連するように工夫したことである。たとえば、発表者が3人いれば、テーマは3つとなり、参加教員は関心のあるテーマのグループに分かれて研修することになる。

　前期の研修会は、次の3名の先生方が発表し、テーマ別にグループ討議を行った。

①森下葉子先生「保育内容総論（保育所・幼稚園における子育て支援）」
　　テーマ1：大人数の講義での視覚教材の有効な使い方

（スライド、板書など）

②出村早苗先生「高齢者の理解」
　　テーマ2：講義科目における演習の取り入れ方

③大槻恵子先生「保育内容総論（子どもの健康：感染症と予防接種）」
　　テーマ3：学生の学力向上とノートテイク

アンケート結果では、「①授業研究の報告について参考になりましたか？」では『はい』が96％、「②グループ討議は参考になりましたか？」では『はい』が89％で、「③研修内容について」は『適当』が85％で、研修会の効果がかなり認められたことから、後期も各発表者がテーマを設定するこの様式を継続することにした。

後期研修会は次の4名の先生方が発表し、テーマ別にグループ討議を行った。

①畑倫子先生「環境心理学」

　　　テーマ1：学生に自分で考えさせるための仕掛け

②関根謙司先生「比較文化論」

　　　テーマ2：授業における動画教材の活用と問題点

③横山剛先生「カウンセリング論」

　　　テーマ3：講義科目の中のワークと「合理的配慮」に関して

④鳥羽美香先生「高齢者に対する支援と介護保険制度」

　　　テーマ4：学生参加型の授業と理解を深めるための工夫について

アンケート結果では、「①授業研究の報告について参考になりましたか？」では『はい』が96％、「②グループ討議は参考になりましたか？」では『はい』が100％で、ほぼ全員が有効性を認めており、かなり良い結果と考える。ただし「③研修内容について」は『適当』が78％で、前期の85％よりもわずかではあるが低下していた。理由としては時間延長が挙げられていた。前期が3名の発表だったのに対して、後期は4名の発表だったこともあり10分間延長となった。それが原因と考えられる。特筆することとして、グループ討議で発達障害の学生に対する『合理的配慮』の観点から論議が進展した。『合理的配慮』については私立大学では努力義務化されており、人間学部からも提案して、後日、全学FD・SD研修会のテーマとして取り上げられることになった（表2参照）。学部のFD活動が全学的FD・SD活動と連携する良い機会となったと考える。

なお、ここまでの授業研究と学部FD研修会の流れについては表3に示したので参考にされたい。

表3 授業研究と学部FD研修会（平成25（2013）年度～平成27（2015）年度）

		平成25年（2013）年度 導入期		平成26年（2014）年度 定着期		平成27（2015）年度 安定期	
		前期	後期	前期	後期	前期	後期
授業研究	日付	2013年6月3日	2013年10月15日	2014年5月19日	2014年10月1日	2015年5月11日	2015年10月14日
	授業者（学科）	金子智栄子（児童発達）	小林宏美（コミュニケーション社会）	湯浅典人（人間福祉）	山﨑幸子（心理）	森下葉子（児童発達）	畑倫子（心理）
	科目	保育内容総論	国際関係論	社会福祉入門	カウンセリング論	保育内容総論	環境心理学
	テーマ	保育者の役割：保育者が子どもの人格形成に与える役割	南北問題と世界秩序	生活保護制度の概要	カウンセリングとは何か―気づきと自己理解①―	保育所・幼稚園における子育て支援	犯罪予防とデザイン
	日付		2013年11月12日	2014年5月22日	2014年11月21日	2015年6月4日	2015年10月22日
	授業者（学科）		中島修（人間福祉）	加須屋裕子（児童発達）	小栗俊之（児童発達）	出村早苗（人間福祉）	関根謙司（コミュニケーション社会）
	科目		地域福祉の理論と方法	子どもの第二言語習得	体育運動方法演習	高齢者の理解	比較文化論
	テーマ		地域福祉を進める組織としくみ；社会福祉協議会と権利擁護	バイリンガリズム(1)と模擬授業に向けてのbrainstorming	なわとびから保育を考える	老化に伴うからだの変化と日常生活への影響について	旅の思想史
	日付		2013年12月13日	2014年6月5日	2014年11月28日	2015年6月8日	2015年11月6日
	授業者（学科）		伊藤英夫（児童発達）	宮本和彦（人間福祉）	奈良環（人間福祉）	大槻恵子（児童発達）	横山剛（心理）
	科目		障害児保育演習	社会学Ⅰ	レクリエーション援助	保育内容総論	カウンセリング論
	テーマ		統合保育における個別の指導計画	都市化、過疎化、郊外のニュータウン	安全・安楽なベッドから車イスへの移乗（座位移動）	子どもの健康―感染症と予防接種―	相手の心の表現に耳をすましてみよう squiggle game を使って
	日付		2013年12月20日	2014年6月18日			2015年11月18日
	授業者（学科）		島田栄子（心理）	伊藤裕子（心理）			鳥羽美香（人間福祉）
	科目		人間理解の基礎：単位認定プログラム	心理学基礎演習Ⅰ			高齢者に対する支援と介護保険制度
	テーマ		誰にでも起こりうる心の疾患：『社交不安障害』について	論文の構成3：図表の書き方(1)			介護保険制度の手続きと福祉用具等の活用

FD活動特記事項	授業研究の方法の策定	FD委員（各学科1名）による授業研究	FD委員が前年度の約2倍に増員（各学科から約2名選出）授業参観は学部の全教員が可能	授業をビデオで録画	授業者が研修会でのテーマを設定し、授業と関連づけて討議を行う。	『合理的配慮』を次年度全学的なFDとして提案
日付	2013年7月31日	2014年1月29日	2014年7月30日	2015年1月28日	2015年7月29日	2016年3月1日
内容	授業研究の方法、指導案、評価表について検討	グループ討議 テーマ 1. 授業構成 2. 資料 3. 出席の取り方	学科ごとのグループ討議 テーマ ・学生の理解度の違いへの対応	テーマ ・課題への取り組みをどう促すか 授業報告にビデオ映像を用いる	授業報告者中心となってテーマ別にグループを構成 1. 森下先生 大人数の講義での資格教材の有効な使い方（スライド、板書など）2. 出村先生 講義科目における演習の取り入れ方 3. 大槻先生 学生の学力向上とノートテイク	1. 畑先生 学生に自分で考えさせる仕掛け 2. 関根先生 授業における動画教材の活用と問題点 3. 横山先生 講義科目中のワークと「合理的配慮」4. 鳥羽先生 学生参加型の授業と理解を深めるための工夫
アンケート結果	良い：16%	良い：52%	授業報告が参考「はい」 83% / グループ討議が参考「はい」 86%	98% / 86%	96% / 89%	96% / 100%
要望	グループ討議にテーマを設定してほしい		授業報告が短時間なので内容が把握しにくい	授業内容に違いがあるので、グループ討議に結びつかない		『合理的配慮』について学びたいし、全学的に対応してほしい
学部外の参加者	経営学部　細川直良教授		埼玉東萌短期大学の先生方5名	保健医療技術学部　飯島史郎教授		

（左端に縦書きで「学部FD研修会」）

(2) 学科単位のアクティブ・ラーニングによる授業改革

（平成28（2016）年度）

　4年目は、学科を主体にしたFDに変更して「学生募集につながる魅力ある授業づくり」をテーマに、各学科において授業改善を行う事となった。これまでの3年間の授業研究を主体としたFD活動を一新するものであったが、昨今の学生募集状況の厳しさを踏まえての対応ともなっている。

　そこで、人間学部FD委員会は企画を新たに、本学のスローガンである『教育

力、日本一』を目指して「魅力ある授業づくり」に取り組むことになった。同年4月に学部長に就任された木村浩則先生の新体制のもと、木村学部長自身も委員に加わり、学部全体が一丸となって「魅力ある授業づくり」を行った。委員は以前の1年任期から2年任期となり、人間学部の4学科（コミュニケーション社会・児童発達・人間福祉・心理）から約2名ずつ選出されている。委員を中心に学科単位で検討を重ね、前期と後期に開催される学部のFD研修会にて成果を発表し、学部の全教員の教育力向上を図った。この取り組みを通して、本学のスローガンである『教育力、日本一』を実現すると共に、入学者数の増加も狙っている。

取り組みの具体例としては、コミュニケーション社会学科は問題解決型の授業づくり、児童発達学科は保育内容の領域を超えた効果的な授業方法、人間福祉学科は障がい者に対するスポーツ支援を取り上げている。心理学科は、オープンキャンパスおよびふじみ野高校との連携授業にて、学生が心理学を高校生や保護者へ解説する過程で、学生の効力感や責任感が養われることを主眼とした。どの学科もアクティブ・ラーニングを取り入れており、その成果をまとめたのが本書である。

学部FD研修会でのアンケート結果は、「①学科でのグループ討議は有意義でしたか？」では『はい』の回答率が100％、「②他学科の取り組みは参考になりましたか？」では『はい』の回答率が93％、「③研修内容について」は『適当』が95％であり、かなり良好な結果だった。意見や感想として「学科会議などで教育について討議する時間が十分に取れない中、全教員で同一目的に対して話し合うことは学生教育の共有化にとっても有意義である。」「他授業の学生の様子がよく分かった。先生方と方向性を共有できた。」「各教員の取り組み（工夫含め）、学生実態について協議できた。」など学科単位のFD研修の成果を発表し、学部全体で検討し考え合う重要性が示されていた。

コミュニケーション社会学科については3章、児童発達学科については4章、人間福祉学科については5章、心理学科については6、7章を参照されたい。

<グループ討議の様子>

平成26年度前期　人間学部FD研修会（7月30日ふじみ野キャンパス大会議室）

平成27年度後期　人間学部FD研修会（3月1日ふじみ野キャンパス大会議室）

4　進化するFD活動

　大学教育を取り巻く社会状況に対応するためとは言うものの、実際は文部科学省の要請に応えるためにFD・SD活動を強化してきたというのが、一般的な大学の実情であろう。本学においても、全学FD・SD委員会の要望を基に、人間

学部では FD 委員会による FD 活動が開始された。いわばトップダウンの形で、FD 活動である授業研究が実施されたと言っても過言ではない。しかし、授業研究を 3 年間継続する中で、次第にトップダウンからボトムアップというように変わってきたことを実感した。

1 年目の導入期は前期に授業方法を策定し、後期には改善点として討議にテーマを設定した。2 年目の定着期は、「委員の増員に伴う授業研究回数の増加」「学部全員の授業参観」「ビデオ視聴を伴うリアリティある授業研究報告」の 3 点を改善した。3 年目の安定期では、発表者がテーマを設定してグループの取りまとめとなり、授業実践とリンクしながら討議が進むようにした。そして、自分の関心のあるテーマを選んで参加できるようにした。これらは前年度の反省を基に改善してきたことである。

初年度の研修会の評価は『良い』とする者の割合が 16% しかなかったが、3 年目には 100% が参考になったことを認めていた。教員自身が授業実践を公開し、研修に参加する教員もテーマを持って学び取ろうという主体的な姿勢が高まってきた。

これら 3 年間の成果を土壌として、4 年目はアクティブ・ラーニングを取り入れた魅力ある授業作りが行われた。今までの個人を対象とした授業改革が、学科レベルで実施され、かなりの成果が得られた。このように人間学部の FD 活動は年度を追って進化を続けている。

引用文献

文部科学省（2008）大学における教育内容等の改革状況について（平成 20 年度）

文部科学省（2014）大学における教育内容等の改革状況について（平成 26 年度）

山田剛史（2010）大学教育センターからみた FD 組織化の動向と課題　国立政策研究所紀要 139 21-35.

第3章

プロジェクトを通じた「共育」

古市太郎

1　はじめに―アクティブ・ラーニングとフィールドプロジェクト演習について

　アクティブ・ラーニングには様ざまな議論とそれに伴う解釈や定義がある。本稿および授業では、広義に「対話型学習」と捉え、本授業ではさらに社会問題の解決に貢献するような「問題解決型授業」を目指して進めた。こうした授業を展開する科目が、コミュニケーション社会学科の「フィールドプロジェクト演習（以降、FP）」である。

　当学科の要綱から、その FP の内容を紹介する。

　当学科は、地域社会を教育・研究のフィールドと捉え、特色ある実践的な効果を得ることを目的に、地域再生の要となるプランナーやコーディネーターの育成に力を注いでいます。その一つの取組みが「FP」です。社会貢献に熱意と情熱に満ちた、実践的な行動力を有する人材を育成する「FP」では、大学を取り巻く地域社会の状況分析、評価等を踏まえ、地域社会の現状と問題点の把握、その解決思考と実践的行動力などの育成を、地域と連動した大学教育の中で学んでいくことに特色を有しています。

　そこで本稿では、2016 年度の FP における 2 つの取り組みを紹介したい。まずは企画を立ち上げその趣旨を共有し連携しながら進めていく「企画・連携型」と、企画を立ち上げそれを学生自らが中心となって実践していく「企画・実践型」である。

2 企画・連携型：ゼブラ寄付付きボールペン企画

「先生、子ども全般に関わって、しかも被災地支援にも携われるような企画がしたいです」。受講学生3名のうちの1人からのひと言。近年、注目が集まる「子供の貧困」。6人に1人の子どもが「相対的貧困」に陥っているという現実への危惧。さらに、この授業日の前日に、「熊本地震」が起こり、何かしらどこかしらの被災地支援に携わりたいという想いがあった。ここから「産官学民プロジェクト」が始まった。

あまりに漠然とした抽象的なひと言。しかも、期間は1年。学生の持つネットワーク及びキャパシティの限界と企画自体がもつ時間の制約から、企画で掲げるテーマを共有していただけるような諸機関と連携を図り、社会問題の解決へと向かう方向性に絞った。

その企画のフレームとして、今回注目したのが、株式会社ゼブラ（以降、ゼブラ）が取り組む「寄付付きボールペン」である。

以下、ゼブラのホームページより、寄付付きボールペンの取り組みの内容をみてみたい。

———————

ゼブラ株式会社（東京都新宿区／代表取締役社長：石川真一）は、中央共同募金会との協力により、赤い羽根募金活動のマークがクリップに印刷された寄付金付きボールペンの販売を2016年2月1日（月）よりおこないます。当社は、商品の売上の一部を赤い羽根共同募金へ寄付します。寄付金は商品の各都道府県別の売上に応じて全国の共同募金会に配分され、地域の子供の学びを支援する事業に使われます。お客様は、身近で実用的な筆記具を購入することで簡単に募金活動に参加することができます。

当社の目的は、本業である筆記具の製造販売を通じて、社会貢献のための寄付活動をおこなうことで、自社商品の認知拡大や、少子化が進む筆記具市場の長期的な活性化も目的としています。

商品の販売は、全国の文房具店、大学生協での取り扱いの他、病院売店、自治体イベントでのノベルティなど、新規販売ルートの開拓も予定しています。

▽商品：ジェルボールペン「サラサクリップ赤い羽根」¥100＋税（税込¥108）
　種類：軸色1色インク色黒太さ0.5ミリ

プロジェクトを通じた「共育」　37

　当社では4年前から、各地の共同募金会にご協力をいただき、寄付金付きボールペンの制作・販売をおこなってきました。地域の大学の学生さんにペンのデザインをしていただいたり、大学内の売店や町の文具店で販売していただき、いずれも地元に根付いた活動としてご好評をいただいています。これまで6県で実施し、地域の福祉活動に貢献してきました。
　その実績から今回、中央共同募金会との協力により、寄付金付きボールペンを全国展開することとなりました。(ゼブラホームページより)

---

(1)　仕組みづくり
　この取り組みに学生が興味を持ったことで、ゼブラが企画する「寄付付きボールペンの趣旨と行程」を説明してもらうため、2016年5月26日(木)に、寄付付きボールペンの担当者にふじみ野キャンパスに来ていただいた。行程と学生の仕事は以下のようになることが説明された。①デザインを学生にしてもらい、製造したボールペンを販売する先②を見つけて、ボールペンに付加させた寄付金を渡す寄付先③を見つけることが、大まかな活動内容となる。

図―1　寄付付きボールペンの行程

　また、「デザイン→製造」には約1ヵ月を要することも説明された。しかも、年度末になればなるほど、スケジュールはタイトとなる。なぜなら、この寄付付きボールペン企画では、本来のゼブラ製品の製造スケジュールの合間にボールペンを製造することになっているからだ。それゆえ、一層の「逆算したスケジュール管理」が必要となる。こうした時間配分が、学生たちには大きな勉強となった。まさに「社会勉強」である。

　そこで、ゼブラから提案されたフレームに、上述の学生の提案を組み合わせてみることにした。①のデザインに「ふじみ野幼稚園児」をあてることで、子どもたちとの関わりを組み入れることにした。また、③の寄付先として、子どもの貧困と被災地支援に携わる団体あるいは組織に寄付しようということになった。問題は、②の販売先である。ゼブラから聞くところによると、一般的には、大学内にある「生協」や地元商店街の「文房具店」と連携して、製造したボールペンを置いていただき、販売してもらうということになる。しかしながら、本キャンパスには「生協」は存在せず、キャンパス付近には文具を専門にしている、いわゆる「文房具店」がみあたらない。そこで、販売先として、「ふじみ野市役所」にあたってみることにした。そして、この選択により、これまで繰り広げられてきたゼブラ企画で初めて「行政」が関わり、その結果、今までにない販売実績をあげることができた。そして、7月頃には、大体の体制図が描けていた（ちなみに、寄付先の決定は、12月ごろである）。

　こうして、このプロジェクトは、「産＝ゼブラ」・「官＝ふじみ野市」・「学＝文京学院大学」・「民＝幼稚園児と関係者」からなる「産官学民プロジェクト」となった。

図―2　全体の体制図

デザイン 主体：ふじみ野幼稚園生 交渉・連絡：Aさん	製造 主体：ゼブラ 交渉・連絡：B君
販売 主体：ふじみ野市・観光協会 交渉・連絡：教員と学生全員	寄付 主体：NPO法人・キッズドア 交渉・連絡：教員と学生全員

学生Cさん中心
全体コーディネート

(2)　企画の進行

　このように、企画を錬成し運営していくのが、毎週木曜日5限の授業・FPである。週1回のこの日に、各担当者から進捗状況の確認、逆算したうえでの次の計画などが話し合われる。基本的には、各担当者による担当機関とのメールのやり取りが中心となる。製造、販売、デザインにおいて、重要となった打ち合わせが以下の3つである。また、金銭が関係する「販売・ふじみ野市」と「寄付・キッズドア」との交渉・連絡には、教員のサポートが入った。

〈製造に関するミーティング〉
2016年5月26日（木）16：30～17：30　於：文京学院大学・ふじみ野キャンパス
参加者：ゼブラ、文京学院生

　寄付付きボールペン担当者から、ボールペン企画の趣旨と内容、とくに、「デザイン・製造・販売・寄付」という流れ、学生が担当する部署、行程と期間などについて説明いただいた。そして、上述した「子ども全般に関わって、しかも被災地支援にも携わるような企画がしたい」という学生たちのコンセプトも了解していただき、ボールペン企画において、このコンセプトをベースに展開していくことも共有された。またその時、学生側のゼブラ担当者を決めた。

　このミーティングを契機に、教員と各担当学生により、デザイン先のふじみ野幼稚園、販売先のふじみ野市役所・産業振興課との交渉が始まった。

〈販売に関するミーティング〉

2016 年 9 月 20 日（火）14：00〜15：00　於：ふじみ野市役所

参加者：産業振興課、ゼブラ、文京学院生

　6 月、7 月の交渉・打ち合わせを通じて、さらに企画が練り上げられ、具体的な運営が見え始め、夏休み明けには、具体的な内容確認のため、「ふじみ野市・ゼブラ・文京学院生」が一同に会してのミーティングが開かれた。まず、学生による今回の企画の趣旨とコンセプトに関する説明が行われ、つづいてゼブラによるボールペン製造に関する説明、そしてふじみ野市によりゼブラへの「販売」に関する質問や意見交換がなされた。また、第一弾として、10 月上旬に開催される「第 8 回ふじみ野産業まつり」で、ボールペン販売がなされることが決まった。このミーティングを契機に、関係者のメーリングリストがつくられた。そのさいデザインと JA キャラクター「とれ蔵」とふじみ野市のキャラクター「ふじみん」も印刷することや、1 本 150 円で販売し、そのうちの 21 円分を寄付分とすることが決まった。

　しかし、「第 8 回ふじみ野産業まつり」に向けてのスケジュールがタイトなこともあり、まずは手本として大学生が 300 本分のデザインをすることになった。さらに、「1 デザインに対し 100 本製造」ということをベースに、3,000 本の製造が目指されることになったので、学生とゼブラのデザイナーにより 30 柄の選定がなされることになる。そして、以下のような製造本数が予定された。

日付	発注先	本数（本）
11 月 2 日（納品）	ふじみ野市産業振興課	300 本
11 月 30 日（納品）	ふじみ野市産業振興課	300 本
適宜対応	文京学院大学	1,000 本
適宜対応	ふじみ野市産業振興課	1,400 本
		合計 3,000 本

　今回、二つの点で、ゼブラの寄付付きボールペン企画始まって以来の画期的な取り組みとなった。ひとつは、デザインが幼稚園児である点。従来は大学生が担当するところを、子どもたちに焦点を当てたところにユニークさがでた。もう一点は、販売先が行政という点。従来は、地元の文具店あるいは大学内の生協であるゆえ、販売数が三桁ぐらいにとどまることが多い。ところが販売先が行政であるため、販売窓口（カントー商事（株））が大きくなり、大人数を有する地域イ

ベントやスポーツ祭などでグッズとしてお披露目する機会が増えたことで、販売本数も4桁を目指せることとなった。さらに、本学にも協力していただき、オープンキャンパスなどでのグッズとして利用していただけることになった。

〈デザインに関するミーティング〉
2016年9月30日（金）12：30〜13：30　於：ふじみ野幼稚園
参加者：幼稚園園長先生、主任先生、文京学院生

　デザイン柄のテーマとしては、幼稚園児にもわかるものとして、大学生の方から、「乗り物」・「果物」・「季節」の3つが提案された。そして、幼稚園児がデザインを行う上での要望が幼稚園側から出された。具体的には、ボールペン企画で常に使用されているデザイン用紙はB5であるが、幼稚園児であるため、A5にしてほしい、筆記具については、幼稚園で毎日使用しているクレパスにしてほしい、そして幼稚園児への絵の描かせ方は、幼稚園の教育方針に任せてほしい、などである。これらの条件をゼブラ側にも了解していただき、年長児を中心にデザインしてもらい、その用紙をデータあるいは紙媒体で、学生担当者がゼブラに送るという一連の流れが確定された。

ふじみ野市産業まつり

(3) 寄付先の選定

　「デザイン→製造→販売」の流れがスムーズに展開していく中で、「寄付先を探す課題」に取り組んだ。学生と教員とが一緒になって、できるかぎり、企画当初からのコンセプトに従い、団体あるいは組織をネットを中心に検索した。その中で、選出された寄付先が、「特定非営利活動法人キッズドア（以下、キッズドア）」である。寄付先に決めたキッズドアとは、東京都中央区に拠点を置く2007年設立の特定非営利活動法人で、同法人は、設立以来、国内の子どもの貧困対策に取り組む先駆的な団体で、経済的理由により塾に通えない中・高校生に対し、教科学習支援などを行っており、寄付金は被災地での学習支援などに活用されている。そこで、デザイン担当の学生にメール連絡を取ってもらったところ、快く寄付を受けてくれた。キッズドアを選定した理由には、被災地支援の難しさも関わっている。自らが出向いて学習支援などを行うことや実際に被災地を選定することは学生には難しい。そこで、「子ども」と「被災地支援」をキーワードに選定し、被災地先や支援のあり方は、キッズドアに一任することにした。

　さらに、当大学のサポートで、2017年3月14日に、寄付金の贈呈式が開かれ

ることになった。贈呈式には「月刊文具新聞社」の取材も入り、以下のような形で、プレスリリースがなされた。

　文京学院大学は、人間学部学生が中心となり「寄付金付きボールペン」の企画・販売を行うプロジェクトを実施し、この度、その収益の 43,953 円を子どもの貧困解消に取り組む特定非営利活動法人キッズドアに寄付します。本プロジェクトは、ふじみ野市とゼブラ株式会社との 3 者共同で実施したもので、3 月 14 日（火）、関係者参加のもと本学本郷キャンパスにおいて寄付金の贈呈式を行います。

「寄付金付きボールペン」企画・販売プロジェクト概要

　本プロジェクトは、人間学部コミュニケーション社会学科の 3 年生 3 名（担当教員：古市太郎助教）が中心となり、2016 年 4 月から 2017 年 3 月にかけ行われました。日本における子どもの貧困が深刻な状況を考え、学生達が「フィールドプロジェクト演習」の一環で、「寄付金付きボールペン」を活用したプロジェクトをゼブラ社とふじみ野市に提案。学生がコーディネーション業務を担当し、文具メーカーのゼブラ株式会社がボールペンを製作、カントー商事株式会社（ふじみ野市）を商流し、ふじみ野市が販売しました。ボールペンは、本学の併設幼稚園である文京学院大学ふじみ野幼稚園の園児がデザインし、植物や乗り物、似顔絵などの絵が描かれており、ふじみ野市 PR 大使「ふじみん」や JA いるま野農産物マスコットキャラクター「とれ蔵」がプリントされています。ボールペンは、2016 年 11 月 3 日にふじみ野市で行われた「第 8 回ふじみ野市産業まつり」をはじめ、ふじみ野市の産業振興課窓口等で 1 本 150 円（税込）で販売され、そのうち 21 円分が寄付金となっており、総計 2,093 本を売上げ、寄付金 43,953 円を、NPO 法人キッズドアに寄付します。（文京学院大学ホームページより）

販売したボールペン

(4)　プロジェクトの意義と小まとめ
　「先生、子ども全般に関わって、しかも被災地支援にも携われるような企画が

したいです」というコンセプトに基づいた企画は、各関係者の協力もあり、首尾よく展開できたと思われる。寄付という形での貢献あるいは問題解決もさることながら、学生にとっては企画を進めていく上での「逆算した時間配分」及び「その時間に基づいたスケジューリングや交渉」といった「ソーシャルスキル」が身に付いたという点でも、アクティブ・ラーニングの有効なアプローチといえるのではないか。

贈呈式の様子

3　企画・実践型：埼玉県越生町龍ケ谷地区・限界集落の活性化プロジェクト

つづいては、学生が企画を立ち上げそれを自らが中心となって実践していく「企画・実践型」の事例である。埼玉県越生町龍ヶ谷地区は人口150名程度、世帯数40戸程度、平均年齢70歳弱の中山間地域である。豊富な自然資源だけでなく地域住民の心の交流や支え合いによる昔と変わらぬ生活スタイルが存在している。しかし、地域住民だけでは生活環境、自然環境の保護、伝統文化の保全や継承、すなわち「ふるさと」の維持が困難となりつつある現状にある。一方、都市

部においては心の交流が希薄化し、真心の交流や自然体験を求める若者が多く存在していることが考えられる。自然体験や地域との交流に関心を持った学生が集結し、本プロジェクトである「まごころ宅急便プロジェクト」を企画・継続することになった。以下、『報告書』に基づいて、二年目の成果を報告したい。

(1) 活動の目的

　本年度は、主メンバー 3 人（A 君、B 君、C 君）と後方支援メンバー 3 人、計 6 人で進めた。まごころ宅急便プロジェクトとは、学生と地域住民が双方おもてなしで支える「ふるさと」作りである。都市部から訪問する大学生を中心に若者の交流人口の増加を促進することで地域住民との心の触れ合い、協同の場を設け、双方が学び合うことで互いの生きがいを作り出していく「まごころ」の交流による「ふるさと」支援である。

　地域住民にとっては、学生との交流で生まれる生きがいあるふるさとづくり、学生にとっては地域住民との交流の中で自然との共生、無駄なく暮らす生き方など、大学では学ぶことのできない教育を受ける場としてのふるさとづくりを通じて、双方のまごころを双方に届け、感じ取ってもらうことを目的とする。

　また、本プロジェクトでは、新たなものを作り出すのではなく、学生と地域住民の双方が持っていて、自らは気付いていない魅力を互いに引き出しあうことにより、無理なくお互いに必要とされる関係を作り出していく「活かし直し」が念頭に置かれている。本年度は、大学生が地域住民と交流を深めていく中で、まずは地域住民が気付いていない「地域資源」の発掘調査を協同で行い、その情報を外部に発信することで交流人口の増加を目指した。

(2) この数年の大まかな活動計画と各年の位置づけ

　2015 年のテーマ：契機

　地域イベントへの参加、次の担当者への橋渡しとメンバー育成、マップ作り、新聞の作成と発行

　2016 年のテーマ：定着

　アンケートやインタビューによる地域からの課題に答える料理教室などを通じて、まず大学（生）への周知と定着

　2017 年のテーマ：展開

　他地域を巻き込んだ、新たな地域イベントの協働による創出「自然環境を活用

したコモンズづくり」

> 2016 年の位置づけ
> 【地域のニーズに応え、活動の「定着」を目指す】

「ヨコの糸」を紡ぐ part1

昨年度のアンケートやインタビューによる「地域のニーズ」に応えるため、料理教室や商品製作などを通じて、地域住民と学生の交流を図り、「ヨコの関係」を緊密にすると同時に、交流人口の増加を目指す。以下の活動について、SNSや学内広報を用いて本学の学生への周知をはかる。

「ヨコの糸」を紡ぐ part2

昨年度同様、好評であった龍ヶ谷の既存のイベントに参加・支援し、「活動の継続性」と「新たな役割の創出」から住民とのつながりの強化と同時に、交流人口の増加を目指す。

(3) 2016 年度記録及び内容

「タテの糸」を紡ぐ―「集落点検」からの発展

昨年度行った「集落点検」で、参加者の記憶から、龍ヶ谷を離れた親族関係者が 93 人ほどいることが分かった。こうした親族関係者である「タテの関係」を再生することに貢献する。内容としては、「タテの関係者」にアプローチするというもので、具体的には、ロールプレイングを通じて、「タテの関係者」に龍ヶ谷の魅力や良さを、再度、実感してもらい、彼らが龍ヶ谷を訪れる機会を増やしていくのが狙い。

活動記録

時期	事項	活動のべ人数
6月12日	梅フェア手伝い	3人学生
6月12日	キックオフミーティング	3人学生
8月 7日	河川清掃、バーベキュー大会	8人（教員1名学生7名）
10月 4日	第60回越生町体育祭への参加	14人（教員1名学生13名）
10月30日	区民のつどい	16人（教員1名学生15名）
12月11日	ゆずフェア手伝い	4人（教員1名学生3名）
2月17日	次年度打ち合わせ	5人（教員1名学生4名）
計7回		計53人

【6月12日】梅フェア＆キックオフミーティング：参加者3名

活動内容

　午前中の梅フェアは朝9時からのスタートであったが、現地からは「昨年同様、学生の無理のない範囲の時間に集合することで大丈夫だ」と言っていただけたので、参加した学生全員が希望する時間を考慮して、10時に越生駅に集合し、越生駅を30分発の黒山行のバスに、10分程、乗って、小杉で下車し、「梅フェア」会場の越生自然休養村センターに10時45分頃に到着した。

　到着して龍ヶ谷の皆さんと簡単なあいさつをして、すぐに販売の作業に参加した。A君、B君の2名は、龍ヶ谷ブースにて特産物の販売を行った。C君は、昨年同様に梅の種飛ばしゲームのブースにて、応募券の回収と種飛ばしの参加呼びかけと共に説明を行った。

　午後は、龍穏寺敷地内にある集会所にて龍ヶ谷のみなさんと、今年の一連の流れを確認するため、今年度の新メンバーとの顔合わせを兼ねたキックオフミーティングを15時から、約2時間程度行った。

　最初に、先日行われた龍ヶ谷の方と教員とで行われた下打ち合わせで出た龍ヶ谷のみなさんからの疑問・質問などに対する学生側の意見、回答を行った。その後は、学生が持参した今年度の参加スケジュールに基づいて話を進めた。今回のキックオフミーティングで、改めて龍ヶ谷のみなさんが大学側にどのようなことを求めているのか、学生（大学）に対してどのような不安を抱えているのか、今年度の学生たちがどんな課題や不安を抱えているのかをしっかりと話し合いお互いに認識し合うこができ、とても充実したキックオフミーティングになったと思う。

課題

　今回のミーティングではっきりと言われたのは、8月7日に実施される「河川清掃＆BBQ」をメインに、できるだけ多くの文京学院大の学生に参加してほしいということだ。この「河川清掃」は龍ヶ谷に住んでいるほとんどの住民が参加する。これを機会に龍ヶ谷が今どんな大学（文京学院大学）の学生達とコラボしているのかということを多くの住民に知ってもらうことができるからだ。また「運動会」や「柚子狩り」の時のように学生たちに楽しく参加して欲しいとのことだった。

　そこで、より多くの学生に参加してもらうために前日からニューサンピアに宿泊してもらうのはどうかという提案を龍ヶ谷のみなさんから頂いた。当日は、区によっては朝6時から始まる場所もあるので、予算に余裕を作って是非泊まって頂きたいということだった。

販売風景Ⅰ

販売風景Ⅱ

【8月8日】河川清掃＆バーベキュー大会：参加者8名

活動内容
　上大満から龍穏寺までの峠道の清掃作業（道普請）を地域住民の皆さんと一緒に数班に分かれて行った。学生は、主に竹箒やビニール袋を用いて草や道端のごみを回収、清掃を行った。今回の河川清掃で初めてお会いすることの出来た住民の方もいらっしゃったので、自分たちの存在を改めて説明することで、学生たちの活動の周知に繋げることが出来た。作業休憩の際には、積極的にお話をさせて頂き、とても充実した時間を過ごすことが出来た。清掃作業は、午前中に前半が終了し、午後は、地域住民の皆さんといっしょにバーベキュー大会を楽しんだ。食事の席では、大学生の自己紹介を兼ねたトーク大会のようなものが行われたが、参加した学生は、一人ひとり自分なりの表現をして、地域の皆さんに喜んで頂いていた。

課題

　今年度の河川清掃は、昨年度に比べ参加する学生を増やすことが出来た。そのため、地区ごとに学生を配置し、河川清掃に参加された住民の方全員とコミュニケーションを取りながら作業を行うことが出来たこと。これが一番の成果であった。

　　河川清掃

プロジェクトを通じた「共育」　51

お疲れさま会

【10月2日】第60回　越生町体育祭：参加者14名

活動内容

　学生たちが運動会に選手として参加した。昨年度同様に、龍ヶ谷地区の一員として全力で力を出し切り競技に参加すると同時に、運動会全体を盛り上げるために全力で声を出した。今年度は、継続の年ということもあり、地区の入場の際に龍ヶ谷と文京学院大学のコラボの紹介をアナウンスして頂けた。

感想

　本イベントも、昨年度に引き続きの参加となるが、昨年以上に多くの学生が参加することが出来た。龍ヶ谷地区として全22地区の内6位という成績を残すことが出来た。支援隊としては、他地区の皆さんにも自分たちのことを知っていただくことができ、継続して参加することの大切さを実感した。

応援風景 I

応援風景 II

6位入賞

【10月30日】第8回　区民のつどい：参加者16名

活動内容
　イベントの運営と学生側からの出し物。つどいに参加した地域住民への周知を目的に多くの学生の参加を募り、実際にお手伝いをさせて頂いた。
　地域の方に教わりながらの餅つきは、普段体験することのない学生にとってはとても貴重な体験となった。そこから集会所の中に移動し、学生主体の催し物としてマジックサークルの学生を呼んでマジックショーを行った。

感想
　本イベントは、今年度初めて参加することができたイベントであり、どういったイベントなのか全貌が掴めないものではあったが、多くの学生に参加してもらうことができたと同時に、数多くの学生のアイディアを活かしてコラボをすることができた。イベントの全体にわたって、学生主体で関わらせてもらうことができた。多くの地域の方とコミュニケーションを取ることもでき、感謝される場面も多くあった。

区民の集いの各風景

【12月11日】ゆずフェア：参加者4名

　初めて参加する学生もいたが、龍ヶ谷の魅力を体験し、地域住民とのコミュニケーションを図ることで、その学生にも興味を持ってもらうことができた。活動内容としては龍ヶ谷で取れたゆずの販売の手伝いをさせてもらった。龍ヶ谷の良さをゆずフェスの来場者にも知ってもらうことができ、かなり多くのゆずを売ることができた。また参加した学生自身にとっても新たな発見があり、今後の活動に生かせそうな収穫を得ることができた。

ゆず販売の様子

(4) 小まとめ

　2016年度は、「地域のニーズに応え、活動の〈定着〉を目指す」ことを位置づけた一年であった。これまでの活動に加え、中山間ふるさと支援隊活動報告会、2月に行った打ち合わせ等により新たな視点や認識の違いを伝え合うことができ、お互いのことも分かり合えてきたと思われる。また今年度は、龍ヶ谷地区の1年間の大まかなスケジュールに大学側が対応することができた。

　行政は、大学生の持つ新しい視点、行動力、専門技術、知識などの「外からの力」を活用することで集落の活性化が図られることを期待している。しかしながら、今回の取り組みは、それに応えるところまでには至っていない。学生と地域の方々との関わりかたについても多くの課題を残す1年となった。学生にプロジェクトの意義や大学の立ち位置をしっかりと認識させ、活動を行っていく方向性

を見据えていく必要がある。

4　結びにかえて：さらなる内在的発展

　この二つの企画に携わって、一教員としてアクティブ・ラーニングのイメージと内容を少しは具体化することができたと考えている。この学習法は、抽象的なことを具体的にしていくプロセスを重視する学習法のひとつといえるのではないか。この「具体性」についての視点は、フランス・哲学者であるオギュスタン・ベルクの視座に支えられている。

　ベルクによると、「具体的」あるいは「具象的」を表す、フランス語の形容詞 concret の語源は、ラテン語の動詞「ともに大きくなる」concrescere の完了分詞 concrētus である（Berque 2000：23＝2002：30）。Concrescere は co＋crescere からなり、crescere はフランス語の動詞「増える、成長する」croître の語源である。「concret には、物の形成のプロセスにおいてさまざまな要素が集まり、たがいに付け加えられることで、全体がうまれるというみかたが示されている」と解釈している（Berque 2000：150＝2002：167）。

　つまり、「抽象的なイメージや発言を、互いに大きく成長させ固めていくプロセスを通じて、そのイメージや発言に形が与えられ、企画全体が形成されていく」のだ。まさに、学生、教員、関係者などが「プロジェクトを通じて共に成長していくこと」、それが魅力ある授業づくりのひとつのポイントになるだろう。

　そして、「共育」をベースにした FP は、2019 年度から「まちラボプロジェクト演習」という授業名へと変わる。「まちラボ」とは「まちづくり研究センター」の呼称である。本学の「自立と共生」の理念に基づく共生社会の構築を目指す「実験空間」であり、かつ、本学科の基盤となる教育理念を備えた「教育・研究の場（研究所）」である。主に、まちラボでは学生を「地域社会」および「企業」と連携させ、社会経験を積ませ成長させる。それゆえ、まちラボという場所は、学生・教員・地域・企業の「結節点（ハブ）」あるいは「学生にとっては地域社会への窓口」という位置づけとなる。具体的には、まちラボでは社会課題、とくに社会的「距離・不平等・格差」に対し、共生社会の構築に向けた国内外での社会貢献型プロジェクトの企画・運営を、学生主体の下、「産官学民」の体制から取り組み、成果を社会に還元していく。こうした FP を内在的に発展させた「まちラボプロジェクト演習」がはじまる。

参考文献

Berque, Augustin (2000). *Écoumène: Introduction à l'étude des milieux humains*, Paris: Belin. (＝2002、中山元訳 風土学序説－文化をふたたび自然に、自然をふたたび文化に ちくま書房.)

文京学院大学 http://www.u-bunkyo.ac.jp/news/page/2017/03/post-274.html (2017年8月14日確認))

文京学院大学・コミュニケーション社会学科3年生・龍ケ谷チーム (2016) 中山間支援・報告書.

ゼブラ http://www.zebra.co.jp/press/news/2015/1222_1.html (2017年8月14日確認)

コミュニケーション社会学科

第4章

領域を越えて深めるアクティブな学び

渡辺行野

1 はじめに

　近年、問われている学力とは何か。本当に必要な学びとは何から生まれるのか。「ハーバード・プロジェクト・ゼロ」や「レッジョ・エミリアの幼児教育」では、芸術教育や多面的な表現に加え、多重知能理論、創造性理論を唱えている。身体性、内なる知性やクリエイティビティを育むには、多面的な領域における補完的な関わり、活動の中では主体性やアクティブな思考、対話、表現、省察が欠かせないものとして扱われる。

　第1章において、「アクティブ・ラーニング」、「深い学び」について述べられているので、本章ではその内容を踏まえて、「領域を越えて深めるアクティブな学び」について展開していく。文部科学省では、アクティブ・ラーニングについて「教員による一方向的な講義形式の授業とは異なり、学修者の能動的な学修への参加を取り入れた教授・学修の総称」、「発見学習、問題解決学習、体験学習、調査学習等が含まれる」とし、また「教室内のグループ・ディスカッション、ディベート、グループワーク等も有効なアクティブ・ラーニングの方法である」と述べている。従って、アクティブ・ラーニングは、あくまでも学習方法の一つであるということを理解しておかねばならない。つまり、そのような学習方法を、学習の目的に応じて適切に選択し、学習の目的を達成するためにどのような手段を使えば、その学びがより深い学びになるのかが大事な視点なのである。

　本章では、問題発見から問題解決へ向かう学び、他者との協働や外界との相互作用、対話的な学び、考えの深化、主体的な学びの視点から大学教育の実践を論じる。

2　保育者養成における視点

(1)　アクティブな学び

　授業というものの中には、学修者にとって、多様な情報が散りばめられている。教材との出会い、教具、モノ、仲間の考え、教師の発問、予測、実践、観察、結果や事実等々の多くの情報の中から、自分自身で、何が必要なものなのかを選択しながら、自分自身の目的意識を持ち、段階を経ながら考えを深化させていく。そして、自らが主体的に課題に取り組んでいき、その課題解決に向けて、様々な情報を収集し、取捨選択を繰り返しながら、学びを深めていくことがアクティブな学びとして捉えられている。

　学習の取り組み方については、情報の単純な受容とその記憶を行うのではなく、その流れの中で必要な情報を収集し、自分なりに咀嚼し解釈していくことが大切である。そして、それらの活動で得た経験や知識の蓄積を基に、自分自身の学びを構築し続けていくことになる訳だが、その学びを構築する中で、モノや人との関わりが大切になってくる。モノとの出会いから学習情報が広がったり、人との関わりの中から異質なものを知ったりする。様々なモノや人との交流から、新たな考えや気づきを発見し、学びに広がりが生まれ、これが、常に学習の中で循環していくのである。構成主義的な学習の流れの中では、一人ひとりの学習への取り組みやその経験と共に知識が生まれていくが、そこでは、それらの経験・知識を相互に補完し合い、関連させていくことが大切になる。また、その学びは、表現することや、身体、感覚を通して深まっていくこと、そして、その空間に存在する仲間とのコミュニケーションや協働的な活動の中で、深い学びとして構築されていく。

　多田（2011）は、「多様な体験をすること、自分の目で見て、手で触れて、心で感じる（中略）体験は、人間としての教養を高める」、「体験することには、皮相的な認識でなく、実感する、感得する良さがあり、事実の深い認識、問題の本質に気づかされる」と述べ、さらに「心揺さぶられる体験」、「共生体験や異文化体験は、多様な他者と共に生きる困難さと、それを克服することにより、共に生きる仲間を得た喜びを実感できる機会となる」、「身体感覚をフルに活用させた体験は、生きることの喜びを心の奥底から感得させる」と示唆している。体感することの繰り返しによって、体得したものは内在化し、自分自身の人格につながっていく。これは、学生であれ、乳幼児であれ、人間の人生の中で常に必要なもの

なのではないかと考える。一人ひとりの人生において、体感し体得したものは、育ってきた環境や人との出会い、その時々の体験によって変容していく。他者という異質なものを認め合い、相互理解すること、異なる意見による対立から、対話や協働作業を通して、新たな知見や価値を見出すこと、そして醸成された関係を構築し、共生していくことが大切なのである。

　また、デビット・ボーム（2012）は、「鋭敏さとは、何かが起きていることを感じ取る能力だ。自分の反応の仕方や他人の反応の仕方を察知し、ごくわずかな相違点に気づくことである。こうした点をすべて感じ取るのが認識の基本なのだ」としている。保育者として携わる時、子どもの学びを認識すると共に、自らが様々な経験を体得しておくことが必要であり、目の前にいる個を大切にし、個々の特性を感じ取ると共に、瞬時に起きる場の環境に敏感に反応し対応していく力が求められるのである。

⑵　保育者に必要な力とは

　「三つ子の魂百まで」という言葉にあるように、保育者における役割はとても大きい。その時期に魂へと刻まれたものは、生涯にわたりその人の人格を支える核となるであろう。では、その時期に乳幼児に関わる保育者には、どのような力が必要になるのであろうか。

　幼稚園教育要領では、「健康な心と体」、「自立心」、「協同性」、「道徳性・規範意識の芽生え」、「社会生活との関わり」、「思考力の芽生え」、「自然との関わり・生命尊重」、「数量や図形、標識や文字などへの関心・感覚」、「言葉による伝え合い」、「豊かな感性と表現」をつけさせたい力として示している。

　普段の活動においては、「健康・人間関係・環境・言語・表現」の5領域の関連を捉えながら活動していくが、その中で、子ども主体の生活、過去や現在、未来を含む子どもにとっての最善の利益を追求すること、思いや願いをもった主体としての子どもを捉える、などの視点が必要となる。

　保育者の仕事は、子どもとの関わり、保護者との関り、保育に携わるスタッフとの連携（保育者・他職種、他機関）、保育の計画・実践・評価等と多岐に渡る。日々、多くのことが求められる中で、子どもや関係する他者の異なる思いや願いを拾い上げ、対立も含め認め合うことの大切さを伝えていく。そして、共生する中で往還していく経験などの学びを重視した保育活動を展開していくことが必要となってくるのである。

子どもたちは、主体的に生き、内面を表出し、行為のひとつに没頭し、その行為の中にあることを自・他や内・外において、または能動・受動しながら体感し、身体や心に刻んで成長していく。関わる行為や身体で体験していくことを通して、子どもは、身体で直接見聞きできる空間を広げていく。そして、その身体をもって直接的にその周囲にも関わっていき、様々なやり取りを行いながら、自分自身の実感の世界を更に広げていくのである。感情的な心の躍動を伴いながら、その内世界と外世界を往還することで、人としての根源的な経験が重ねられ、生涯にわたる生活や発達の基礎が培われていくことになるのである。

保育者は、子どもの個性や、それぞれ異なった家庭環境や生活経験、日々の発達等々を丁寧に把握しておく必要がある。そして、目の前にいる子どもを理解し、一人ひとりの子どもの個性を最大限に保障する。子どもたちは、互いに異なる状況を持ち、様々な影響を与え合いながら育っていること、そして、それぞれの特性を生かし集団形成をしていることを理解しておく必要がある。その為にも、子どもが求めているものや、やりたがっていることを理解し、その中で生まれるつまずきや、それに対してどのように援助し、方向づけてあげるのかを考えていく。そして、子どもの声を聴き、その「身体」から派生されるこえ（表情や身体の動きなどのメッセージを含む）を感じながら、子ども理解や遊び理解をしていくことが求められる。

3 児童発達学科の取り組み

(1) 実践構築

保育者資格、幼稚園教諭、小学校教諭の免許が取得できる児童発達学科では、ほとんどの学生が、将来的に保育現場、教育現場に携わっていく。時代が変容し、教育の在り方も見直されてきている中で、カリキュラムも大きく移行してきている。そこで、児童発達学科では、次期カリキュラムに向けて「アクティブ・ラーニングの視点に立つ魅力ある授業づくり」を基に、「領域を越えて深める、魅力ある授業づくり」を設定し、実践に取り組むことにした。

今までのカリキュラムにおける学びに関しても、それぞれの領域が補完し合い、学びを構築していっていることは言うまでもないが、今回は、一つの実践の中に、意図的に領域を越えた視点を入れ、授業づくりを行った。これは、保育者に必要な力とは何か、今学生に欠けている力とは何か、という視点に焦点化して

実践者同士で議論を展開した際に、その議論の中から「身体」「表現」という言葉が多く用いられたことに着目した。そこで、その言葉をキーワードとして領域を形成していくこととした。授業づくりに向けては、実践者の中で以下の話題が展開された。

「最近の学生は、身体が固くなっているのではないか。」、「大人になるにつれて、身体は自然と固くなっていくのかも知れないが、教育現場で活躍していく学生たちには、感性（感じること）が豊かな身体であってほしい。」、「これは、こうだ。という概念の固まり、狭い考え方である。」、「教員養成課程を司る学科として、どのような力をつけさせていくべきか。」、「多角的な物事の考え方を持って現場に入っていって欲しい。」というものがあがった。

議論で展開された視点を解決するために、身体を柔らかくする、そして他者と共に呼吸していくこと、共鳴し合うことを通して、多くの体験をしながら、今ある自分自身を表現し広げていくこと、といった活動を設定することとした。こういった視点から、①狭い概念の固まりや自分だけの考え、といった捉え方をほぐし、多角的な考え方や感じ方ができること、②形のないものをどう捉えていくか、身体で感じ取ること、そしてそれらを表現できること、③見えないものを獲得していくこと、という３つのキーワードをもとに、学生の身体が変化していくための、領域を越えた授業づくりを目指すことになった。

前期と後期で行う２回の授業実践では、「感じること」、身体で感じ取ることを前提とし、「風・雨・空気・音・光」などの見ようとしないと見えないものや形のないものをどう捉えていくか、どう表現していくかを活動の柱とした。そして、見えないものを自分自身で何かの形として獲得していくこと、頭だけで理解するのではなく、感じることや感覚を使って学んでいく過程を大事にすることを目指した。学生が、身体の協働作業や身体の響き合い、自然のものを自然のままに感じること、身体感覚を取り戻すことを意識できるように授業を組み立てることとした。テーマは「しなやかな身体と共鳴する体を取り戻す」授業デザインと設定した。

カリキュラム上に、まだ設定されていない授業を実施するにあたり、まずは領域を「環境・音楽・図工」に設定し、児童発達学科の実践担当者（環境：木村学、音楽：渡辺行野、図工：日名子孝三）同士で、授業構成の打ち合わせを重ねた。領域を超えてアクティブに学んでいくための授業づくりとして、目的・内容・実践の方向性について立案していき、企画した授業実践を前期と後期に各１

回ずつ行った。また、授業実践をもとに、その内容を実践者はもちろん、学科全体でも共有しながら、考察・検証し、学科のカリキュラムマップとの関連や、授業実践および学生の姿を比較・分析しながら議論を深めていった。それぞれの領域の特性を互いに共有し、領域を超えた学びのつながりとカリキュラムマップの関連付けについて議論を重ねた結果、今後の学科の方向性について示唆できるような視点も得られた。

(2) 前期の授業実践①
実施日：2016年7月25日（月）1限〜3限
場　所：本学テニスコート付近の森（1限、2限）、美術室（3限）
ねらい：身体で感じ取ることができる。
　　　　「風・雨・空気・音・光」など、見ようとしないと見えないものを捉え、それらを表現することができる。
対　象：学部生3年（4年生も含む）　24名
流　れ：1限：「木琴づくり」木村学
　　　　木の性質、道具を準備、材料集め、組み立て（グループごと）
　　　　2限：「音の風景と表現」渡辺行野
　　　　サウンドスケープ、音を絵や言葉・デザインで描く、
　　　　空間を感じる（触る・浸る）、ストーリー化、イメージの音を探す、
　　　　グループでつくる（創作）、発表
　　　　3限：「感じたものを描く」日名子孝三
　　　　具体的なものを描くのではなく、感じたもの（午前中の空間・音・匂い・光）を描く

　以下、3時限分の実践の様子を紹介するが、紙面の都合上、2限「音の風景と表現」の様子を詳しく記述する。

1限：【木琴づくり】
　木の枝を探し、長い枝をのこぎりで切っていく作業から始まる。

領域を越えて深めるアクティブな学び　65

　枝を固定しないと、なかなか力が入らないことを実感。最初は、枝をグラグラさせながら切っていたものの、試行錯誤しながら切り方のコツを見つけ、徐々に切るスピードが上がってくる。
でも、枝の長さまで考えられていない…。

　一人で切っていた枝も、一人が押さえ、もう一人が切るといった分担が生まれ、会話をすることもあれば、身体の触れ合いだけで協働作業へと発展することも…作業が進むと、どうしたら上手く木琴が作れるのか、思考する時間が始まる。

　縄で枝を徐々に結んでいく作業。仲間が枝を固定してくれたり、結ぶ際にサポートしてくれることで、スムーズに作業を進めていく。

　仲間同士の話し合いで、木琴の音程をつくるために枝の長さを変えて切る。そして、並べていく。音を一つひとつ鳴らしながら、音程の確認を行っていく。「こんな感じかな？」

さあ、音を鳴らしてみると…
「どれみふぁそらしど？」
「う〜ん、やっぱりちょっとこの音は違う？」など、みんなで話し合いながら、作業が進む。
　音が違う場合は、協力しながら再度枝を切り、長さを調整。みんなで協働していく。

　木琴の完成。
　一つの楽器を、みんなで共に作りあげた時の達成感。
　そこには、共に話し合い、身体の協働も見られた。

２限：【音の風景と表現】
　大学の中にある森に入り、音の風景を感じていく。
〈サウンドスケープ〉
　元気な学生たちが、森に入り歩き出したら、急に静かに…そして耳を澄まし始めた。静寂な空気の中に学生が包まれる。「徐々に研ぎ澄まされていく」、「空気が美味しい」、「森の匂いがする」等々の意見が出る。

〈音を絵や言葉、デザインで描く〉
　言葉で表す学生がいたり、絵で面白く表現したりしている学生もいる（表現方法の自由）。
　森に入り、その場の空間を感じていく。その時に、感じたもの、音や匂い、目を閉じて感じたことを、そのまま記録していく。

「虫の声が、色々と聴こえてくる」、「いつも聴こえない音がする。風の音…」、「自分が呼吸していることが感じられる」、「セミも色々な鳴き方がある」、「空気を感じる、空気を吸っている感覚が気持ち良い」、「森

の中の色々な匂いがする」等々、沢山の感じ方が出てくる。

森の空間を味わうために、みんなで歩いてみる。目を閉じて歩いているうちに、身体の触れ合いが生まれ、共に支え合い、声を掛け合いながら、歩きだす。

「目を瞑ると、普段歩いている時に気が付かなかった土の感触が、足を通じて感じられた」、「自分一人だと、目を瞑りながら歩くのは怖いけれど、みんなとくっついていると安心していられる、心地よい」等々。森の中で自然と一体化し、他者とのコミュニケーションが広がっていく。

「足に草があたったかも、でも…この感触は枝かも」などの言葉が聞こえ、学生たちが身体の感覚を研ぎ澄ましていき、自分自身と自然との対話が始まっていく様子が分かる。

〈目を閉じて歩く〉

　最初は「怖い」という声がある中で、相手に触れることで安心感が生まれ、仲間との信頼関係が構築されていく様子が感じ取れる。

　土の音、葉っぱの音、土の感触、枝の感触、空気の匂いなど、視覚以外の感覚が働き始める。

〈空間を感じる・触る・浸る〉

　森の空間に慣れてきたころ、その空間の中で、「セミの抜け殻を見つける」、「土を触る」、「木を見つめる」、「匂いを嗅ぐ」などの行為が見られる。「森の匂いがする」、「自然はいいな」、「聴いていると、色々な音がする」など、個々人がその空間に浸っていった。

　なかには無言で、木と一体化している学生も見られる。どんな気持ちであったのか、聞いてみると、「木は、どんなことを考えているのだろう？　と思って、僕も木になってみました」と答える。身体が自然やモノと対話していくようになっていった。

領域を越えて深めるアクティブな学び　69

〈ストーリー化〉

　それぞれが感じた森の風景を記録する作業に入る。自分自身が感じたことをもとに、他者と交流しながらストーリーを創作していく。そのストーリーを身体で表現し、音をつけていく。

　学生のつくったストーリーの内容は、「セミになって音を聴いてみた―セミの気持ちをテーマに―」、「虫の気持ちになってみた」、「木になって森を捉えるストーリー」、「みんなで森に遊びに来る」などになった。学生たちが、自分たちの体験した音や匂いをストーリーに使用することができていた。

〈イメージの音を探す〉

　森の中を探索してきた時に、感じた音を振り返りながら、ストーリーのイメージに合った音を探す。

　「歩きながら何度も足を鳴らす」、「落ち葉を触る」、「木の実を見つける」、「草を抜き取る」、「土を落とす」などの音を探していく。学生は、お互いに、それぞれの発想の違いや豊かさを感じていた。

〈グループで交流・創作〉

　自分のイメージした音やストーリーを交流させながら、物語とそれに合わせた音を創作していく。

　「自分たちが同じ森にいるのに、自分が気付かなかったことや感じられなかったことが多い」、「自分とは感じ方が違って、とても面白い」などの意見が見られ、色々なイメージを共有していく。「バッタが飛ぶ音が聴こえた」、「音を聴い

領域を越えて深めるアクティブな学び　71

ていると癒される」、「土を踏む音が好き」、「葉っぱの音と土の柔らかさの感触がいい」など、次々と自分たちの感じたものを言葉にしていく。その音をオノマトペで表したり、「実際にやってみて」と実演して見せたりする交流が見られた。いざ、ストーリーの音を探しにいくが、「雑草を抜いて、土を振り落とす音が良い」、「紙コップに土を入れて音を出す」、「いや、ペットボトルに土を入れるとまた、違うイメージになるよ」など、次々と発想豊かなアイディアが生まれていく。互いに試しながらイメージを話し合い、そのイメージを受け入れながら交流していく。

〈発表〉

　いよいよ、グループごとに発表に向けての打ち合わせ、練習が始まる。声を使ったり、森の中にある素材を使ったり、森の中の素材と身の回りにあるモノとを合体させて作ったり、先の時間で自分たちが作った木琴を使ったり、身体を思うままに表現したりと、それぞれのグループが違う表現を発表していく。

　森の空間での活動を感じ、創作して表現していたが、自分たちの発表で用いた表現だけではなく、他グループの発表からも、また違う表現を獲得していくことができていた。

３限：【感じたものを描く】

　表現活動を終えて、室内に戻ると、木琴づくりや森の風景での体験をもとに、その場や空間、その時間に感じたものを画用紙に自由に描いていく活動が始まる。

　白い画用紙が置かれ、書き始めると、あっという間に色が溢れ出す。絵の具やクレパスなど、道具は何を使っても構わない。一人ひとりの描くスピードや集中力にはとても迫力があり、身体の中に入っていった感覚や過ごした時間そのものが、自然と手を動かしていく。また、立ちながら身体全体で、森の中で感じてきたことを、思うままに表出しながら、そこから表現が導き出されていく様子が見られた。

　感じたものを、そのまま描く。何か決められた形を表現するのではなく、その時に感じた音や匂い、午前中の様々な出来事、全てを自由に描いていく。学生の感じたものが表現された作品が出来上がっていく。

領域を越えて深めるアクティブな学び　　73

「この点は音の風景を表現した」　　「筆ではなく、指で色付けしたい気分」

　他にも、「森で光を感じた、光が差しているところを表現してみた。」など、学生の感じたものには、色々な表現があり、個々の表現の違いがそのまま作品に表れていた。

　なかには既成概念にとらわれて描いてしまう学生もいたが、多くの学生は、「匂いを感じた」、「音や光を感じた」など身体で感じたものを表現している作品が多くみられた。
　また、森で見つけたものを持ち帰った

学生が多く、描いていく中で、「カラスの羽を使ってみる」と、絵に載せていく学生もいた。

(3) 後期の授業実践②

実施日：2016年12月16日（金） 1限、2限
場　所：本学のテニスコート付近の森
ねらい：仲間と協働しながら、体験を通して自然を身体で感じ取ることができる。
対　象：学部2年生　各時間40名
流　れ：環境「焼き芋づくり」
　　　　　　焼き芋の作り方を考える、材料を揃える、焼き芋を味わう
　　　　図工「フロッタージュ」
　　　　音楽「音の風景と歌」
　　　　　　風の音、自然の音、たき火の音（火の勢いに対する音の変化）
　　　　童謡「たき火」の歌

【焼き芋づくりから生まれる音の風景】

　学校での「焼き芋づくり」は、あらかじめ道具が準備され、最低限の必要な手順は説明されているが、実際の活動では、一から自分たちで焼き芋づくり（材料調達・火おこしなども含む）を行う。初めて体験する学生もおり、どうやって焼き芋を作ればよいのか、分からないことを仲間と試行錯誤しながら協働して作業を進めていく様子が見られた。

　焼き芋づくりの準備開始。身体は固まったまま、ぎこちない。
「まずは、主役のお芋にアルミホイルを巻こう！」
「火をおこすには、葉っぱが必要だね」等々、どのような手順を踏めばよいのか、モノと関わりながら考え、仲間と作業を進めながら、発見し、それぞれの役

領域を越えて深めるアクティブな学び　75

割分担を決め、ようやく軌道にのって進んでいく姿が見られた。

「もっと葉っぱがたくさんないと燃えない！」など、それぞれが気づいた意見を伝え合い、グループのメンバーで協力し作業が進んでいく。

火のおこしかたも、グループによっては混乱している様子。マッチが配られる本数は、各班に3本ずつしかない。その3本で、うまく火がつけられるかが、課題となる。

各班ともに、慎重に葉っぱを重ねたり、小枝を持って来たりと工夫をしていく。

なかには、マッチの使い方が分からないグループもあり、失敗してしまうこともある。グループの中で、同じ空間にいる者同士が一緒に息をのみ、空間内で「一体化」している様子が感じられた。

火がつくためには、どのようにすればよいか、それぞれが考える。「こうすればよいのではないか」と実際に色々なことを試しながら、どのグループもようやく火がついてきた。

火がつくまでは、慌ただしくしていた学生も、作業が落ち着いてくると、「パチパチ音がする」、「燃え方によって音が全然違うのだね」等々、葉が燃えている音や自然の音に反応し、耳を傾けはじめた。また、風が吹くと、火の燃え方も変

領域を越えて深めるアクティブな学び　77

わり、火の勢いによって音が変わる様子や、葉が飛んだり灰が舞ったりする音などを感じ取りはじめた。北風の音を聴いて思いにふける姿があったり、身体が柔らかくなり、自然と共鳴していく姿が見られたりした。

燃やす音や風に心地よく浸り、たき火を楽しんでいたために、お芋が落ち葉の中に入っていないことに気がつかなかったり、燃やす葉っぱが、もう燃え終わってしまっていたり…実際に体験していくことで、色々なことが見えたり、分かったりしてくる。

音や匂いを感じていく。
「暖かい」、「良い匂いがしてきた」、「たき火」の歌など、徐々に火に強さが出てくる中で、歌を歌うグループも出てきた。

山あり谷ありの協働活動を経て、次の活動に移る際には、火の管理や当番など、共に笑顔で声を掛け合いながら、スムーズに役割分担をしていく。

【フロッタージュとのり版アートでつくる秋の風景】
お芋が焼けるまで、身の回りにあるものを使って、フロッタージュやのり版アートの活動を行う。フロッタージュでは、それぞれが自由に並べた葉っぱの上にロール紙を置き、クレパスでこする。そこに、葉っぱやクレパスを置いて、デザインした。

　さらに、身の回りにある葉や枝を探し、それらを並べながらグループごとに自然の風景を表現していく。

　それぞれのグループごとに色々な作品が出来上がっていく。
　身の回りの葉を探していると、「こんなキレイな葉っぱがありました！」

「色々な種類の葉っぱがあるみたい！」
など、普段感じられなかった気づきや発見がある。
　のり版アートでは、花びらや葉っぱを載せて、秋の風景を表現。
　それぞれのグループで、作品のイメージ「テーマ」を持って取り組んだグループもあれば、そうでないグループもあった。しかし、どのグループも出来上がった作品からは、何らかのイメージが感じられた。

領域を越えて深めるアクティブな学び　79

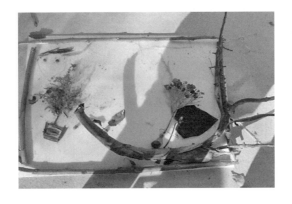

【風景から生まれる音と歌】

　仲間の中には、しっかり火の管理を行ってくれている学生もいた。それぞれが、全体の行動を見ながら、自分のやるべきことを行う。自然にお互いの身体を感じあっていく姿が見えてきた。

　時間があると、森へ行く。「枝を探しに行ったら…足から葉っぱの感触がした」、「葉の音…風の音が前（夏の頃）と違っている」など、学生たちは、感じたことをつぎつぎと話しだす。

　火をおこすにあたって、枝や葉っぱをとりにいきながら、足から葉の心地よさを感じていく。「フカフカしていて、気持ちいいな！」自然の風景が感じられている様子。

　「火の音が違ってきたね」、「そろそろ火の音がしなくなってきた」と、たき火の音を感じながら、お芋の様子をじっくりと観察する。

領域を越えて深めるアクティブな学び

「できた！」

中を開けてみると、「しっかり火がとおっています！」

味をみんなで確かめる。

「美味しい（＾＾♪）」

匂い、味、まだ燃えている音、風の音、お芋の色、お芋の温かさ、身体で沢山のことを感じていく。

「自分たちで作ったお芋だから、美味しいね！」と味わっていた。

仲間と協働作業を重ねる中で、言葉だけでなく、他者の表情や呼吸を感じ合っていく。

　最後に、普段何気なく歌っている「たき火」の歌を歌った。歌詞の意味をもう一度かみしめ、自らの体験を通して身体で感じたものと、歌詞の意味、言葉一つひとつをつなぎ合わせていく。
　今回の活動では、協働作業が多く入っていたため、学生間の交流がみられ、互いの学びが深まっていく様子が見受けられた。
　自然を感じながら、全員で「たき火」を歌った。
　みんなが一つになっている感じが伝わってくる。
　「♪あ〜たろうか　あたろうよ〜　北風ぴぃぷぅ　ふいている〜♪」

(4)　授業実践の振り返り
　今回の授業実践では、前期と後期に授業を分けて、主に体験学習、身体を使って身の周りの環境やその世界を理解すること、また、身体の協働作業や身体の響き合い、自然のものを自然のままに感じることなどの活動を通して、「身体感覚を取り戻すこと」をねらいとして行ってきた。
　「木琴づくり」では、活動の中での様々な経験を通して、他者とサポートし合う姿が多く見られた。その結果、各場面では、その行為から他者との関わりが生まれた。様々な活動を通して身体の使い方を覚えたり、互いに探り合ったりしていく様子から、身体が柔らかくなってきているように見えた。
　「音の風景」では、自分と周りの人達との身体によるコミュニケーションや身近な道具などを使って、様々な対話が生み出された。自分と他者のアイディアを活かしながら動きのコラボレーションを楽しみ、動きを通して自分の思いを発信していくことができていた。また、身体の触れ合い、自然〈音や匂い、光〉との交流を通して自己の感性に触れていくことができていた。

「感じたことを描く」では、感じたことを自由に画用紙へ表現する活動を行った。絵の具やクレヨンなどを使って表現していくが、その風景の写実的な姿のみを描くのではなく、午前中に行った体験や活動、その空間から「感じたこと」をそのまま自由に描かせることを大事にした。作品の中には、匂いや音など、午前中にそれぞれ体験したものが、自由に表現できているものも見られた。

後期の授業実践では、焼き芋のつくり方や火のおこしかた、準備を含めた作業の中で、他者と共に発見し、考え、体感していくことを通して多くの学びを得られた。また、活動の中で、火の音や風の音、冬の匂い、焼き芋の匂いなど、自然を感じるとともに仲間と共に協働していく作業から学びを深め、感じたことをアートに表現することができた。そして、自然や生活の風景が伝わる童謡「たき火」を歌った。仲間と息を合わせ、自然の音と共に体感したことを思い浮かべながら歌詞を噛みしめて歌うことができた。学生の振り返りでは、森との一体感やたき火などの活動で感じたことを、言葉に表現していくことができていた。

前期と後期を通して、五感全てを使い、仲間と共に協働作業をしながら、モノや人との交流を行ってきた。しかし、これらの学びは短期間で培えるものではなく、身体を存分に使った行為や他者と共有する時間、関わりや遊びを深めていくことは、今後継続して行う必要がある。

児童発達学科における初めての試みとして、2つの授業実践を行い、学科の中で様々な議論を行ったが、学科全体で課題を共有し、カリキュラムと各科目の実践を関連づけた議論が行えたことの意味は大きい。他領域と共に授業をつくっていくという新しさや面白さと共に、領域を超えた授業づくりは、色々な意味で次につながるステップとなる。

今年度のテーマは、「しなやかな身体と共鳴する身体を取り戻す」であったが、授業実践を通して、「身体を柔らかくしていく」ことへ一歩近づくことができた。しかし一方で、こういった取り組みは、学科における様々な実践場面で、継続して展開していく必要がある。今回の実践を検証し、さらに様々な視点から活動を考えていくこと、カリキュラムマップと授業の関連付け、4年間の継続的な学びを考えた科目の配列について検討を行い、学科として効果的な授業づくりを目指すことが求められる。

4 おわりに

メルロ＝ポンティ（1974）は、「知覚は、身体にはじまり、内省的思考をとおして、対象のなかで終わる、みずからの身体をとおして世界に存在し、みずからの身体によって世界を知覚し、そうやって世界の経験が喚びさまされる」と述べている。これは、身体がモノやその場に存在する身体と同調し、共鳴していくということを示していると考えられる。その場に生まれる空間は、経験的な身体感覚を通して存在し、表現を通して活性化していく。人間は様々な体験を通して情動し、表出しながら表現を生み出していくが、感覚とは身体において常時作動しており、身体性と感覚性は切り離せない。様々な感覚が連動する「場」としての身体が言葉や理論、実践を通して学び合う。異質なものが関わりあい、協働していくことや身体の共鳴から、身体の学びが深められていく。そして、それは人間が生まれながらにもつ「身体」を取り戻すこと、身体をひらいていくことであるといえよう。伝え合う、通じ合う、響き合う、創りあう身体性は、これからの社会においてより一層重要になってくるのではないか。

今回の授業実践では、身体性の視点から学びの共同体の創造を目指した。その結果、それぞれの領域の学びが補完し合うことによって、更に学びが深まっていくことを、授業実践で体現することができたと考える。

アクティブな学びにおいてより意識すべきことは、学びを可視化し省察することである。それは、ドキュメンテーション（実践の記録）やポートフォリオ（関連したもののまとめ記録）の活用とも関連してくる。イタリアのレッジョ・エミリア市の幼児教育では、保育活動として、言語、描写、絵画、造形、身体表現、音楽と数等の多面的な表現を重視している。それは、多重知能（ガードナー）を考慮に入れた頭と身体の一体化である。学生の学びの中にも、学修のドキュメンテーション化や学修者同士のポートフォリオの共有化、それらの記録やポートフォリオの省察を取り入れるべきである。また、学修のプロセスを深く理解し、フィードバックによって今後の活動の展開を考えることも肝要であろう。それには、学びの可視化、実践と省察の往還や語り合う場を設けることは言うまでもない。

引用・参考文献

池内慈朗（2014）ハーバード・プロジェクト・ゼロの芸術認知理論とその実践

東信堂.

多田孝志（2011）授業で育てる対話力 教育出版.

デヴィッド・ボーム、金井真弓訳（2007）ダイアローグ 英治出版.

メルロ・ポンティ、竹内芳郎訳（1974）知覚の現象学2 みすず書房.

山田陽一（2008）音楽する身体 昭和堂.

児童発達学科

第5章

学生とともに障がい者スポーツ
プログラムをつくる

青木　通

1　人間福祉学科における障がい者スポーツ指導者資格の認定

　人間福祉学科では、2018年度現在、社会福祉士、精神保健福祉士、介護福祉士の国家試験受験資格の取得が可能となっている。社会福祉士受験資格の取得を前提としながら、現状では、「社会福祉士＋精神保健福祉士」「社会福祉士＋介護福祉士」といった組み合わせで履修する学生が多く、社会福祉の領域を多角的に学びながら、さまざまなケースに対応できる汎用性の高いソーシャルワーカーを目指しているといえる。

　このようななかで、より実践能力が高く、現場において即戦力となり得るソーシャルワーカーを養成していく必要性が生じたことから、2015年度から「スペシフィックソーシャルワーカー養成プログラム」をスタートさせ、少人数制による専門的な教育を行っている。このプログラムは、①メディカルソーシャルワーカー、②コミュニティソーシャルワーカー、③ターミナルケアソーシャルワーカー、④ファミリーソーシャルワーカー、⑤地域包括ケアソーシャルワーカー、⑥障がい者スポーツ指導者の6つから構成されており、スポーツを社会福祉の構成要素の一つととらえるユニークな試みをしている。障がい者スポーツ指導者資格については、公益財団法人日本障がい者スポーツ協会の課程認定を受け、「障がい者スポーツ概論（1年次：2単位）」「障がい者スポーツ演習（2年次：2単位）」の2科目の単位取得をもって資格を得ることができる。この資格は、「障がい者スポーツ指導者」プログラムを履修した学生については資格取得を必修としているが、障がい者スポーツを知ってもらう機会を提供する意図からオープン科目として学部学科を問わず履修することができる。

　また、2018年度の大幅なカリキュラム変更により、従来の資格取得を前提とした「ソーシャルワークコース」と福祉系企業あるいは一般企業への就職を念頭

においた「福祉マネジメントコース」の2コース制を採用することになった。障がい者スポーツ指導者資格については、福祉マネジメントコースのなかで今後も継続し、高齢者や障がい者の生きがいをスポーツを通じて支援していく人材を養成していく。

2 アクティブ・ラーニングと学科教育の課題

人間福祉学科においては、資格課程を基盤としてカリキュラムが構成されていることから、それぞれが管轄省庁によって授業内容に制約を受ける側面が大きい。そのため、学科として統一された授業展開を実施しにくい現状がある。

学科内で共有されている学生認識としては、学生間の学力差や理解度の個人差が大きく、その格差が拡大しつつある。また、学習意欲の低い学生や集中力が持続しない学生も増加傾向にある。そして、このような状況と関連して、授業場面では、グループワークを実践する際のグループ分けや運営、教員の関わり方が難しい現状にある。加えて、必修講義科目は受講者も多く、アクティブ・ラーニングを取り入れることが難しい状況にある。しかしながら、アクティブ・ラーニングをグループディスカッションやグループワークといった学習者の能動的な学修ととらえれば、演習科目においては各教員のさまざまな工夫により、事例検討、ケースワークといった発見学習、問題解決学習を取り入れている。また、資格取得のための実習科目では、事前指導、事後指導におけるディスカッションを通じて実践力に結びつける授業が行われている。この点で、講義科目による理論学習と演習・実習科目による実践学習において、理論と実践の乖離が生じ、これらの関連性を十分に強化できていないため、特に、理論学習でつまずく学生が多い傾向にある。

本稿では、講義科目のなかで体験型プログラムを実践することによって学びにどのような効果があるか、実践的な活動が学びにどのような影響をおよぼすか、を検討するために行った授業事例から、学生にとっての「魅力ある授業」あるいは「アクティブ・ラーニング」の意義について総括する。

3 授業実践1：体験型プログラムの導入

⑴授業科目：「障がい者スポーツ概論」（1年次・後期、障がい者スポーツ指導員

資格認定科目）

(2)受講者数：47 名

(3)授業概要

1) 目的
　障がい児・者と運動・スポーツとの関連性を理解し、効率的な指導をしていくための知識を習得することができる。また、得られた知識を実践場面で創意工夫しながら活用することができる。

2) 到達目標
①障がいおよび運動・スポーツの特性を理解できる。
②障がい児・者スポーツの社会的背景に関する問題点を指摘できる。
③障がい児・者スポーツにおける基本的な指導や援助の方法を理解できる。
④障がい児・者スポーツを普及、発展させるための条件づくりを具体化できる。

3) 概要
第 01 回：障がい者スポーツの歴史と現状
第 02 回：障がい者福祉サービスの体系とスポーツ施策
第 03 回：障がい者スポーツ大会の概要と指導者制度
第 04 回：障がい者スポーツ指導者の役割と組織
第 05 回：障がい者スポーツとボランティア
第 06 回：障がい者スポーツの理念と意義
第 07 回：障がい者スポーツの効果
第 08 回：身体障がいの理解とスポーツ
第 09 回：身体障がい児・者に対するスポーツ指導の留意点
第 10 回：内部障がいの理解とスポーツ
第 11 回：内部障がい児・者に対するスポーツ指導の留意点
第 12 回：知的障がいの理解とスポーツ
第 13 回：知的障がい児・者に対するスポーツ指導の留意点
第 14 回：精神障がいの理解とスポーツ指導の留意点
第 15 回：障がい児・者スポーツにおける安全管理

第 16 回：試験

⑷実践方法

　47 名の受講者を 2 クラスに分割し、三週に分けて実施した。第 08 回、第 09 回で視覚障がい児・者のスポーツにおいてボールゲームをする際の指導上の留意点と障がいの特性に関する内容を取り扱った。ここで学習した内容をふまえて第 10 回目の授業として指導場面を想定した体験プログラムを実施した。

⑸当日の内容

1) ねらい

　体験を通して視覚障がい者に対するスポーツ支援の配慮に気づくことができる

2) 内容

①身体感覚の理解（視覚が確保されている時とされていない時の身体の使い方の違い）

・目標ジャンプ、目標歩行（3 m〜5 m）、目標走行（5 m）など

・目隠しをしないで行ってから、目隠しをして実施する形をとった

・教員の合図で一斉に行った

②言葉の理解（言葉によるコーチング）

・直線歩行、直線走、L 字歩行、クランク歩行

・一人は目隠しをし、もう一人は指示を与える形で実施

・距離感や進行方向をどのように伝えるか

・二人組で行った

③触覚の理解（ブラインドサッカーボールを足で操作する）

・ボールタッチ、対人パス、トラップ〜パス、ドリブル〜パス

・「目隠しをする人＋目隠しをしない人」「目隠しをする人二人＋指導者」など状況を適宜設定

・四人〜五人で一組で行った

④総まとめ

　グループ課題として三角パス（パスを出したら、その方向に移動して三人でパスをつなぐ）を設定し、うまくつながるためにはどのような指示が必要かグループで考えながら実践した。

⑸実践後の学生の気づき

授業に対する感想を自由記述により求めたところ、「視覚障がい者の立場の理解が深まった」「支援・援助の難しさを再認識した」「障がい者スポーツに関心が深まった」「障がい者スポーツを継続的に実施したいと思った」など多様な意見が集まった。特に、支援や援助については、「いつも何気なく使ってしまう『ここ、こっち』という言葉は目が見えない人にとってはわからなくなってパニックになってしまうげんいんなのかなと感じました。また、真っ直ぐで前に進むのは、目が見える時と違って歩数が多く、アイマスクをしている時は無意識に歩幅が小さくなっているせいなのかなと思った。自分たちで使っているボールの音よりも、周りのグループの方が大きく聞こえていたと感じた。コーチングする時に、周りと同じ声かけだとまどわされてしまうので、周りとは少し違った声かけをした方が良いと思った（学生の感想を原文のまま抜粋）。」などといった回答から、支援・援助の難しさを認識しながらも応用的な気づきをしていた。実際的な活動や仲間同士で必要な支援・援助方法を話し合うことによって、理論的な側面と実践的な側面が結びつきやすくなっている効果が認められた。また、学科の性格上、国家試験対策という知識量をこなすことが求められる科目も多く、学科として概念の理解は大きな課題になっている。今回のような体験型のプログラムを活用したグループワークはもちろんのこと、アクティブ・ラーニングを授業に取り入れることによって、抽象的な概念を理解することにつながることが期待される。

【受講生の気づき】※自由記述の回答を原文のまま一部抜粋
◆視覚障がい者の立場の理解

> 目が見えないことの恐怖がよくわかった。想像の何倍も怖かった。見えないだけでなく、方向もわからなくなることに気づいた。途中、自分がどこにいるのか全くわからなくなった。

> 目が見えなくなると、恐怖と不安があって動けなくなる。コーチング側は適かくな指示をしないといけないが、とっさに指示を出すのは難しかった。音が鳴るボールでも、すごくよく耳をすまさないとすぐにボールの位置が分

からなくなる。声や音がたくさんあるとまざって、どの音、声を頼りにすればよいか分からなくなる。

◆支援の難しさ

　視覚障がい者に対して、右・左・ななめ・前・後と伝えるのにどの程度動いていいのか判断がつかなかったからどの方向に動くにしても、歩数だったり向きを具体的に伝えた方が動きやすいのかなと思った。抽象的だったり、たくさん声をかけてしまうとパニック状態になってしまうなと体験して感じた。

◆支援の難しさに対する応用的な気づき

　いつも何気なく使ってしまう「ここ、こっち」という言葉は目が見えない人にとってはわからなくなってパニックになってしまうげんいんなのかなと感じました。また、真っ直ぐで前に進むのは、目が見える時と違って歩数が多く、アイマスクをしている時は無意識に歩幅が小さくなっているせいなのかなと思った。自分たちで使っているボールの音よりも、周りのグループの音の方が大きく聞こえていたと感じた。コーチングする時に、周りと同じ声かけだとまどわされてしまうので、周りとは少し違った声かけをした方が良いなと思った。

◆【その他　感想】

　グループワークをやってみて「この角度」や「その方向」というのは通じないのだなと思いました。言葉だけで何かを伝えるというのは本当に怖くて、周りの音のみがたよりになるので、「こっちに来て！」や「まっすぐ！」と言われても、誰に対して言っているのかわからず、音も信用できなくなりそうでした。拍手をたよりに体育館をまわる時も、いきなり耳元で「パチン！」ときこえて、少しこわかったです。

五感のうち、一つでも欠けるとこんなに生活しにくいのか…と思った。楽しかったけれど、これがずっとだと思うと怖い。後天性でも慣れてくるのだとは思うが、急にだったら耐えられない。見えない感覚、聞こえない感覚の理解は大切だと感じた。

　サッカーとフットサルは長くやってきたが、ブラインドサッカーは初めてやった。ボールの感覚はあると思っていたが、大分ちがった。ブラインドサッカーをしている人たちはかなりの努力をしていることが分かりすごいと思った。

　今日の授業を通して、説明を聞くよりも実際に体験してみる方が、身体に障がいを持つ方の気持ちに近づけるなと感じました。今回はアイマスクをつけて、視覚に障がいがあるということを想定してスポーツをしたのですが、聴覚に障がいがあったり、視覚以外にも障がいがある場合の体験もできたらいいなと思いました。

　頭では分かっていても、実際にやってみないと分からないことがあるし、実践したことでコーチングの方法ももっと深く学びたいと思った。授業にももっと意欲的に取り組み、学びを深められたら、と思います。

　貴重な体験ができたと思います。鈴の入ったボールなどは使ったことがなく、視覚障がいの方でも、楽しく、できることを知りました。あと、もう少し、時間がほしいと思いました。あっという間に終わってしまい残念でした。あと2時間くらいやりたいと思いました。

　ゲームまでできるレベルではありませんでしたが、ゲームもやってみたか

ったです。実際に体験できたことで、対象者として対応する時に音と触覚の
みの頼りの時は周りとぶつからないように気をつけたり、的確な指示をする
ことがたいせつだということを理解することができたのでよかったです。

　目がみえなくてこわいと思ったけどボールをけれたときのうれしさとかが
分かった。スポーツをやることで周りの人とのコミュニケーションをとれ
た。

　中学校や高校の授業でこのようなスポーツを体育でやるなどすると、障が
い者スポーツのことについて興味をもち、パラリンピックが活気出るのでは
ないかと思う。

4　授業実践2：障がい者スポーツプログラムの立案と指導実践

　障がい者を対象としたスポーツプログラムの作成と実践指導を通して、障がい
者スポーツの指導場面における配慮事項について学びを深めることを目的とし
た。グループワーク形式でプログラムを立案し模擬実践を行い、障がい者を対象
とした実際の指導を行った。

(1)授業科目：「障がい者スポーツ演習」（2年次・前期、障がい者スポーツ指導員
資格認定科目）

(2)受講者数：23名

(3)授業概要
1)　目的
　実際に行われている障がい者の運動・スポーツの体験と障がい児・者を対象と
したスポーツプログラムの企画や運営の実践を通じ、さらに、障がい児・者との
交流をしながら指導者としての資質を向上させることができる。

2）到達目標

①実際に行われている障がい者スポーツの行い方や基本的な指導方法を理解できる。

②障がいの程度や特性に応じた運動・スポーツプログラムの企画立案ができる。

③障がい者スポーツにおける指導者の資質について実際的な課題をあげることができる。

3）概要

第01回：障がい者スポーツの環境とボランティアの役割

第02回：障がい者スポーツの阻害要因

第03回：障がい者スポーツの実践上の留意点

第04回：バレーボール系スポーツ種目の実践と指導上の留意点

第05回：バスケットボール系スポーツ種目の実践と指導上の留意点

第06回：卓球系スポーツ種目の実践と指導上の留意点

第07回：フライングディスク系種目の実践と指導上の留意点

第08回：陸上競技系種目の実践と指導上の留意点

第09回：障がい者スポーツプログラムの企画

第10回：障がい者スポーツプログラムの計画

第11回：障がい者スポーツプログラムの準備

第12回：障がい者スポーツプログラムの運営上の留意点

第13回：障がい者スポーツプログラムの運営（模擬実践）

第14回：障がい者スポーツプログラムの振り返り

第15回：障がい者スポーツにおける指導者の役割

第16回：総合レポートの作成

⑷実践方法

　プログラムの立案は第09回目から行い、受講者を1グループあたり4〜5名に分割した。身体障がい、知的障がい、精神障がいそれぞれの障がいに応じた30分程度のプログラムを作成するように指示した。模擬実践はグループで実践したいプログラムを一つ選択し、1回あたり2グループの模擬実践を三週にわたって行った。

⑸模擬実践

　作成されたプログラムは、身体障がいを対象としたものとして「ゴールボール」「ボッチャボウリング」「シッティングバレー」など、知的障がいを対象としたものとしては、「玉入れサーキット」「アキュラシー」「平均台遊び」など、精神障がいを対象としたものは、「ドッヂボール」「バレーボール」「キックベース」などがあげられた。いずれも第04から第08回の体験をふまえた種目が取り上げられているが、知的障がいや精神障がいは実際場面のイメージがしにくいこともあり、プログラム作りにおいては多くの時間が費やされていた。

　実践後の学生の気づきは、「指示語が多くなってしまい、的確な指示が出せなかった。」「方向を示すためにわかりやすい目印を工夫するべきだった。」「言葉だけの説明では理解しにくい場面があり、見本や試しをする必要があった。」などといった対象者に対する指示に関する反省が多くあがっていた。この点では、指導に関する配慮点について学習した際に対象者に対する動作や身体の使い方に関する言葉や動く方向に関する情報は重要であることは理解していたにもかかわらず、実践場面では十分な意識化ができていなかったことによると考えられる。また、「担当者の配置が悪かった」「対象者との距離感が難しかった」「時間の配分が難しかった」といった、実践場面での臨機応変な対応の重要性が共有されていた。企画段階での見通しの甘さとも考えられるが、指導実践を体験することによって全体的、個別的にさまざまな配慮が必要となることや仲間同士の連携など新たな課題の設定につながっていると考えられる。加えて、「ルールや行い方の工夫で誰でも楽しめるスポーツができると思った」「できないもどかしさもあるため、スポーツや運動をやりたくないと感じる人の気持ちがわかった。」と指導の難しさを実感しながらも、障がい者スポーツの本来的な意義や意味についても再確認されていた。

学生とともに障がい者スポーツプログラムをつくる　　97

【学生が作成したプログラム案（一部修正）】
「障がい者スポーツ演習」指導計画案

実施日	2016 年 7 月 8 日（金）	実施場所	文京学院大学体育館
参加者数	男性＝16 名　女性＝14 名　計 30 名	メンバー	
【ねらい】	ブラインドサッカーの基本的な技術を習得し、ゲームを楽しむ		

時間	利用者の活動	援助者の活動
13：10	◎集合 ・活動の流れを確認する ・準備体操 ・グルーピング	・ブラインドサッカーボール、フットサルボール、サッカーボールを実際に触りながらボールの特徴が理解できるようにする。 ・準備体操は下腿を中心にストレッチを交え入念に行う ・参加者を任意に A チームから D チームの 4 グループに分け、コミュニケーションをとりやすいように自己紹介をする。また、各グループにはサポートを一人つけリーダーの指示や動き方について補助するようにする。
13：20	◎基本技術の確認 ○ボールタッチ ・その場でボールの上に足裏を交互に乗せる ・左右に動きながら片足を交互にボールに乗せる ・両足の間のボールをその場で左右に動かす（ドリブルの基礎）	・1 グループに 1 個のボールを渡し、指示した動きを交替で行う。 ・リーダーはグループを回りながら動作の基本をアドバイスする。 ・参加者が一通りボールタッチの動作を終えた時点で次の活動に移る
13：35	○ドリブル ・両足でボールを左右に動かしながら前進 ・片足で横移動	・始めは短い直線距離から行い、慣れに応じてドリブルする距離を長くする。 ・参加者がドリブルする距離を理解しやすいようにサポートはコーチングによる指示を的確に行う。 ・ボールをロストした場合には、サポートが拾い、参加者の近くまでボールを運びコーチングする。（音を聞き分けてボールを足元に置けるようにするため、ボールを叩いて音を出すなどの工夫をする）
13：45	○パス＆トラップ ・前方に転がしたボールを追いかけてトラップ＋ターンして味方にパス ・3 人組でトラップ＆パス	・転がすボールは音が確実に出るようにゆっくりにならないように指示を加え、まっすぐ転がすようにする。 ・転がるボールを追いかける形はボールのトラップが難しくなるため、ボールを追い越し体の正面で向かい入れるイメージがもてるようにアドバイスする。 ・3 人組のトラップ＆パスはそれぞれのコーチングが重要になるため、タイミングがとりやすいようにサポートが支援する。
14：00	○オフェンス対ディフェンス（2 対 1） ・オフェンス 2 人に対してディフェンス 1 人を置き、オフェンスはパスをしながらシュート。	・サポートは指示を出しやすいように常にオフェンスの近くにいるようにする。 ・ディフェンスは「ボイ」の声を出しながら守備をするように指示する。
14：20	◎ゲーム ・ゲーム時間：7 分 ・コーチングはコート内可 ・A チーム対 B チーム、C チーム対 D チームの 2 試合 ・サイドは体育館の壁をそのまま利用する	・リーダーとサポートがボールの位置や転がる方向、パスする方向などのコーチングを的確に行う。 ・ボールの周辺に参加者が集中しないようにボールをもっていない人に対して動く場所を指示するようにする。 ・上手くできた場合にはそのプレーをほめ、失敗した場合には原因や対策を速やかに伝えるようにする。
14：35	◎まとめ ・コートの中央付近に集合して座る ・ゲーム結果の確認 ・技術的な課題の確認	・リーダーはゲーム実践を通して、良かった点や悪かった点を利用者に伝え、参加者一人ひとりが次回の目標、課題の設定をしやすいようにする。

【ゴールボールの模擬実践風景】

【キックベースの模擬実践風景】

⑹知的障がい者を対象にした指導実戦

　授業における学びの総括として、実戦的なスポーツ指導を行い、理論的な側面と実践的な側面の関連性について理解を深めることを目的とした。協力団体の調整に時間がかかったこともあり、通常の授業回数内で実践することができず、川越市内で定期的に親子でのハイキングを楽しんでいる団体の協力のもと夏季休業期間で行った。なお、すべての受講者が指導者としての実践をすることが不可能なため、受講者から希望を募り決定した。

　実施種目は学生と検討を加え、授業内でも実践経験があることからアキュラシーとした。この種目は、全国障害者スポーツ大会でも採用されており、フライングディスクのコントロールの正確性を争うレクリエーショナルなスポーツといえる。競技規則としては、直径23.5 cm、重量100±5 gのフライングディスクを使用し、5 mまたは7 m離れたアキュラシーゴール（直径91.5 cmの円形）に向けて10回投げ、その通過回数を競う（日本障がい者スポーツ協会、2016）。技術的には、ディスクをまっすぐに飛ばすことが難しく、握り方、投げ方の指導が大きな課題となる。

1）実践プログラム：アキュラシー

2）対象者：21歳から32歳の知的障がい者8名（男性6名、女性2名）とその保護者

3）実践者：学生3名

4）実践内容
①フライングディスクに慣れる
＊対象者を4名ずつの2グループに分け、全体の進行をするリーダーとグループにサポート役としてそれぞれ1名を配置。
＊はじめはフライングディスクを触ることから始め、握り方や投げ方の説明。
＊グループ内で順番を決め、一人ずつディスクを前方に投げる。
②フライングディスクをゴールに通す
＊投げる位置を統一し、5 m地点にフープのゴールを設置。輪の間を通すように指示を加えて、前方に順にディスクを投げる。

③ゲーム1（個人戦）
＊一人10回投げ、何回輪の間を通すことができるかを伝える。
＊名前が呼ばれた順にディスクを投げることを伝える。
＊ゲーム終了後は結果の発表をする。

【アキュラシーの実戦場面風景】

【アキュラシーの指導場面】

④ゲーム2（団体戦）
＊4名が1チームなり、チームで何回輪の間を通すことができるかを伝える。
＊このゲームは、一人3回ずつディスクを投げることを伝える。
＊チームで何回ゴールすることができたかを数えることを伝える
＊ゲーム終了後は結果を発表する
⑤ゲーム3（親子対抗戦）
＊対象者と保護者が二人一組になり、それぞれ5回ずつ投げることを伝える。
＊親子で何回輪の間を通すことができるかを伝える。
＊ゲーム終了後は結果の発表

5) 学生の気づき
　実践学生が共通に認識していたことは、①知的障がいの特性を理解したつもりであっても、対象者一人ひとりの特性を把握しながら対応することは困難であること。②対象者を想定したプログラムであっても、自分自身は「できる」「理解できる」と考えてしまい、対象者の立場に立った配慮が不足していたこと。③上

手くいったことをほめたり、上手くいかなかったことをなぐさめたりするなど対象者とのコミュニケーションが不足していた、の三点であった。ディスクを投げる技術についてはほとんどの対象者が前方に飛ぶ状況にあったことから、技術指導については反省点の大きな要素にはなっていなかった。プログラム全体としては、対象者が楽しそうに取り組む様子が見られ、プログラム終了後には保護者からの温かい言葉もあったことから、やり遂げた充実感を味わっているようだったが、流れのなかで実践することの難しさを改めて痛感していた。

5　総括

　障がい者スポーツ指導者資格の認定科目として開講している「障がい者スポーツ概論（講義科目）」「障がい者スポーツ演習（演習科目）」において、1年次は講義科目で体験型プログラムの導入、2年次は演習科目で実際の障がい者を対象としたプログラムの立案と指導実践を取り入れた授業を実践してきた。講義科目では科目の特性を考慮すれば、体験、実技的な授業形態は採用しにくいと思われるが、概念的な事象を理解する上では効果があり、実際の体験によって新たな気づきが生まれていた。講義科目で扱う内容を抽象的、演習・実習科目で扱う内容を具体的と仮定するなら、具体的な内容を数多く用意することによって、抽象的な内容の組み立てが容易になっているとも考えられる。対人援助や対象者に対する直接的な指導をともなう福祉領域の科目においては資格取得をするために知識を詰込むことに偏りがちになるが、能動的な学修を促す工夫は重要である。

　また、2年目は、理論的な側面と実践的な側面の結びつきは重要であり、両者の関連性を強化させるために実践プログラムの作成作業と実践に向けたグループワークを課題として授業実践を行った。具体的な目標、到達すべき目標が明確なため、学生にとっては取組みやすい環境にあったと思われる。今回は限られた学生の指導実践となったが、指導の難しさを痛感しながら、指導者の役割や資質について新たな自己課題の発見につながっていた。興味・関心を高める工夫からそれをふまえた具体的な課題・目標設定をすることが重要である。

【参考文献】

尾野明美、佐藤みどり、高地誠子、斎藤史夫、水野道子、中山貴太（2017）アクティブラーニング学習効果尺度の作成と試み―音楽・造形・身体表現系科目と

演習科目に着目して－ 小田原短期大学研究紀要 47：56-63.

日本障がい者スポーツ協会（2016）新版障がい者スポーツ指導教本 ぎょうせい.

日野克博（2015）障害者スポーツを教材化した体育授業 初等教育資料 934：68-71.

福祉学科

第6章

オープンキャンパス改善を課題とした
アクティブ・ラーニング

長野祐一郎

1　はじめに

　著者が所属する心理学科は、全般的に学外との交流が希薄な傾向にあり、また自然科学をベースにした実験手続きや統計法の学習に関して、卒業研究以外に役立てる機会がないため、自分が現在学んでいる事が何に役立つのかわかりにくい問題がある。これは学習動機を低下させるという短期的な悪影響だけでなく、長期的には自尊心や責任感が十分に育たないまま卒業を迎える可能性も生じ、教育の質向上の観点から改善すべきと考えた。

　心理学科生理心理学ゼミ、そして社会・環境心理学ゼミでは、アクティブ・ラーニングの導入により、魅力的な授業を展開することを目的としFD活動を実施した。具体的には、オープンキャンパスおよび地元高校との連携授業へ参加し、心理学を高校生や保護者へ解説する過程を通し、学生達の効力感や責任感を養う事を主眼として活動を実施した。

2　2016年5月のオープンキャンパス

　生理心理学を用いてオープンキャンパスを魅力的にするための方法についてゼミ内で話し合ったところ、「モノづくりを組み合わせた新しい心理学の可能性を紹介する」とのアイデアが出され、オープンキャンパス心理学科コーナー内に、3Dプリンタ、3D切削マシンのデモ（動作している様子を観察できる）コーナーを設置することとなった（図1）。

図1　心理学科スペースへの3Dプリンタの設置

3　2016年6月のオープンキャンパス

　ゼミ内で話し合ったところ、「アイカメラによる視線計測体験コーナー」「ドローン飛行映像体験コーナー」の設置が提案され、アイカメラ体験コーナーについて、大学生による高校生への解説が行われた。アイカメラに用いる映像は、高校生の興味を引きやすいコンテンツとして、「かわいい動物」「美味しそうな食べ物」「魅力的な女性」の画像が選択された（図2）。

図2　アイカメラによる視線計測体験コーナーの設置（右は使用した画像）

6月のオープンキャンパスで、心理学科は、「恋愛タイプの診断」「性格診断」「ゲーム中の生体反応測定体験」「3Dプリンタデモ」「アイカメラによる視線計測体験」のコンテンツを設置していた。担当した学生からは、「序盤は人が集まらなかったが、14時ごろから次々と性格診断・恋愛診断・ゲームの生理指標・アイカメラのコーナーに人が集まってきてくれ、一時は満員になるほどの大盛況だった（図3右）」、「アイカメラのコーナーにも興味を持った高校生がたくさん来てくれ、計20名のデータが集まった」などのポジティブな報告があった。一方で、「コンテンツが複数あるためどこで何をやっているのか初見でわかりにくい」、「心理学科教育における3Dプリンタの位置づけが今ひとつ不明瞭であるため応用可能性に関する資料を準備する必要がある」、「ただアイカメラを体験させるだけよりも男女の視線の差など心理学的なテーマが同時に学べたほうが良いのでは」など、改善すべき点も多く指摘された。これらの点に関しては、各コーナーにノボリを設置するなど改善できる点はその場で改善し（図3左）、準備が必要な事項に関しては次回のオープンキャンパスに向けての課題として対応策を話し合うこととした。

 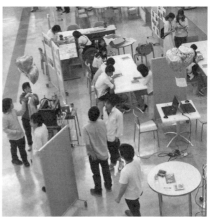

図3　オープンキャンパスの様子
（各コーナーに設置されたノボリ（左）・一時盛況となる体験コーナー）

4 2016年7月のオープンキャンパス

ゼミ内で話し合ったところ、HMD（ヘッドマウントディスプレイ）を用いたバーチャルリアリティ（VR）ジェットコースターのインパクトが大きいため、「VR体験コーナー」を新たに設置するべきとの案が出された。ゼミ内、授業外時間帯において、機材の使い方を一通り練習し、オープンキャンパスでの実施に備えた（図4）。また同時に、実験室内に高校生を招き、実際に実験を体験してもらう事が有効なのではないかとの考えから、実験室内に「リラックス実験体験コーナー」が準備された（図5）。

オープンキャンパス当日、VR体験コーナーの設営ならびに解説は3年ゼミ生と大学院生の計2名で担当した。大変な盛況で会場に人が絶えることはなかった（図6）。心理学科希望の高校生だけでなく、父兄や他学科希望学生などにも広く体験してもらった。アイカメラ体験コーナーも3年ゼミ生と大学院生の計2名で担当し、前回の反省を活かし、新たに実験刺激画像を4系統（イケメン、美人、動物、スイーツ）用意して臨んだ（図7左）。刺激画像はゼミ内で協議を繰り返し、セレクトしたものを用いた。

実施後のディスカッションにおいて、VR体験コーナーからは「体験希望者が多すぎ声が枯れた」、「音が小さくて聞こえないという意見があったが他団体に影響がでるのでヘッドフォンを使うのが良いのではないか」、「機器の設置や生対情報の解説が自分一人でもできるようになりたい」などの反省・改善点が報告された。アイカメラ体験コーナーからは、「髪の長い参加者用に髪留めのピンがあると良い」、「測定結果の保存・整理に時間がかかるので効率のよい方法を考える必要がある」、「参加者からは顔だけでなく体も写ってる画像を見たいとの意見があった」などの報告があった。

これらの活動においては、スキルの高い大学院生と学部生を、ある程度意図的に組み合わせることで、学部生には身近な目標をもってもらう狙いがあった。結果として、互いに影響を受けながら作業を進めることができ、地味ではあるが効果的な施策であった。

オープンキャンパス改善を課題としたアクティブ・ラーニング　　*109*

図4　VRを用いたジェットコースター体験コーナーの準備

図5　リラックス時の生体反応計測体験コーナーの準備

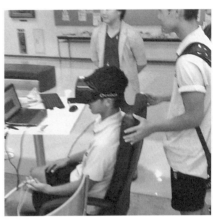

図6　人だかりで騒然となるVRジェットコースター体験コーナー

図7 アイカメラ・3Dプリンタ体験コーナーの様子

　3Dプリンタ体験コーナーの設営と解説は4年ゼミ生ら2名で担当した。参加者からは、「見ていると癒される」などの感想があり、一定の注目を集めたが、一方で開始時にプリンタが正常に動作せずプリント開始に手間取るなどのトラブルがあり、さらに体験型の他のコーナーに比べ地味になりがちという問題点があった（図7右）。これらを受け、「次回はオープンキャンパス開始時には何かプリントしているようにする」、「オープンスペースでは人を集めづらいので、実験室など別のスペースに移動し、ある程度時間をとって簡単なデザインからプリントまでを体験できるコーナーを用意してはどうか」、「何か作成物を渡せるようにすれば印象に残りやすいのではないか」などの改善案が担当者から出された。

　全体として、VR体験コーナーの導入は明らかに効果的であり、従来のオープンキャンパスより多くの人の注目を集めることができた。一方で、心理学科は多くのコンテンツを導入しているが、遠目に雑多な印象があり、各コーナーの担当者から「何をやっているのかわかりやすく示す必要がある」との共通見解が得られ、次回以降改善することとなった。

5　2016年8月のオープンキャンパス

　VR体験コーナーの設営ならびに解説は前月同様3年ゼミ生と大学院生の2名で担当し、1日あたり33名が体験するなど、途切れることなく参加者がやってきた（図8）。参加者の感情反応をモニターするために、手のひらに電極を装着

し、発汗反応の測定を行っていたが、参加者がコントローラを操作する際、電極が外れ気味になり測定が不安定になる傾向にあった。担当学生から「装着位置を指から手のひらに変えてはどうか」との意見が出され、実行したところ測定が安定し、参加した高校生達に、よりわかりやすく解説することができた。

解説を担当したゼミ生からは、「自分も前よりは解説できるようになったので、先輩が必要以上に喉を痛めずに済んだ。今後は全部の説明を滑らかに言えるようになりたい。」との感想が聞かれた。

アイカメラ体験コーナーは3年ゼミ生2名が担当し、多くの来場者が参加した。前回の反省を活かし用いる画像を改善し、さらに何をしているのか解りやすく解説されたポスターを作成し当日に臨んだ（図9）。

担当者からは、「来場者が多く、説明しながら回していくのが大変だった」などの報告の他、「ポスターが加わったことにより実験前の説明がより伝わりやすく、誘導しやすくなった」、「参加者は女性の方が多く、男性芸能人等、用意した実験刺激は概ね好評だったため、この選出で良かったと感じた」など、事前準備が有効に働いた手応えを感じさせる感想が得られた。

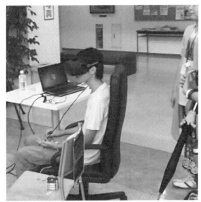

図8　VR体験コーナーに参加する高校生と解説する大学院生

図9 アイカメラ体験コーナーと作成されたポスター

　3Dプリンタ体験コーナーとリラックス実験体験コーナーは、前回の反省を活かし体験スペースを実験室に移行し、かつ各コーナーの紹介ポスターを作成し当日に臨んだ（図10右）。

　3Dプリンタ体験コーナーに関しては、デザイン〜プリントの過程を、時間をかけて体験してもらい、完成した作成物を持って帰ってもらえるよう担当者が工夫した。形状は、作成の容易さ等を考慮し、猫型のリングとコップを作成する事にした（図10左）。その結果、興味のある高校生や父兄が長時間実験室にとどまり、3Dプリンティングの解説を受け、実際に製作を体験し非常に満足した様子であった。担当学生からは、「基本操作を印刷物で配布し、すぐに提示できるよう事前に用意すると良い」、「コップは製作時間が長すぎるので不適切」、「材料の色は白、選択肢は指輪に限ってもよいのでは？」、「一人あたりの時間は30分以内が望ましい」などの反省点が得られた。また「心理学との関連を明確に説明できるようにする」などの目標が掲げられた。

オープンキャンパス改善を課題としたアクティブ・ラーニング　　*113*

図10　3Dプリンタで作成された指輪と各コーナーの紹介ポスター

　8月のオープンキャンパスでは、社会・環境心理学ゼミの担当となり、オープンキャンパスの来場者に、入学後の心理学科における学習のイメージを提供するねらいのもとに、心理学実験で広く用いられる「鏡映描写課題（鏡に映った手を見ながら星型図形をなぞる課題）」に関して、測定と解説を行うコーナーが設置された。事前に授業内で実施し、課題にかかる時間や実施上の問題点の確認を行い、さらにオープンキャンパス用に3色の風鈴の図柄を独自に用意し、当日に臨んだ。課題が面白いこともあり、来場者とゼミ生がともに楽しんで取り組むことができ、盛り上がりのあるコーナーとなった（図11）。担当学生からは、「思ったより喜んでくれてやった甲斐があった」、「盛り上がっていたし、普通に楽しめたのでよかった」、「思ったより説明がうまくいかず正しく伝わっているか不安だった」などの感想が得られた。

　学生がデモンストレーションを行い、解説を行うことで、学科の雰囲気や学習に対する態度について直接知る機会を提供できた。また、心理学の知識を他者に伝える事で、専門知識に関する理解を深める良い機会となった。その一方で、課題の絞込や作業進行のマネジメントなど、十分な時間をとることが難しい側面もあり、学生の効力感や学習への動機づけを高めるには、これらの時間を十分に確保する必要がある。

図11 盛況となる社会・環境心理学ゼミによる体験コーナー

6 2016年11月のオープンキャンパス

　11月は再び生理心理学ゼミの担当となった。ゼミ内で、VR体験コーナーのコンテンツに、「VRロッククライミングが、感情変化が大きいため有効なのではないか？」との意見が出され、以前のジェットコースターから変更が行われた。ジェットコースターに比べ、操作が複雑なため、初体験の高校生が楽しめるか不安であったが、担当学生が事前に解りやすい操作方法の説明を考え、難易度の設定も適切になるよう考慮し当日に臨んだ。結果は大きな成功で、多くの高校生がVR体験コーナーに殺到し、列ができるほどであった（図12）。担当した学生からは、「たくさんの方々がコーナーに来てれVRは順番待ちの列ができるほどだった。こういった活動でたとえ心理学科志望でなくても心理に興味をもってくれる人が増えてくれたら嬉しい限り」との感想が得られた。
　3Dプリンタ体験コーナーは、2台のプリンタを用いて行われ、常時2〜4名程度の高校生と保護者が、3D形状のデザイン、デザインした形状のプリント、これらの技術が心理学にどのように役立つか等の議論を比較的長時間にわたり行っていた（図13）。他のコーナーに比べ滞在時間が長いため、心理学科の学生は普段どのような活動をしているのか等、担当コーナー以外へ話が進むことも多く、特に保護者の方々には学生の様子を知る良い機会になったのではないかと思われる。リラックス実験コーナーに関しては、新たに暗室内で簡易プラネタリウムが体験できるコンテンツが追加され、参加者に好評であった。

図 12　VR ロッククライミングで大盛況となる体験コーナー

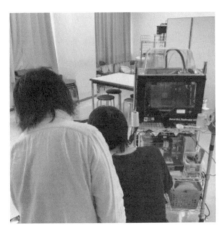

図 13　長時間の体験が可能な 3D プリンタコーナー

7　2016 年 12 月のふじみ野高校連携講座

　ストレス負荷時の皮膚温変化を題材にした体験型授業を、生理心理学ゼミの学生主体で開催した。ゼミ 4 年の学生を中心に 5 人が参加し、高校生への課題の解説、実施、データの分析補助等を行った（図 14）。参加した高校生は 20 名であった。解説を担当した学生は、授業の空き時間に原稿を用意し、当日スムーズな

運用ができるよう準備して当日に臨んだ。

担当学生からは、「直前の予定変更に焦りインストラクションが早口になってしまった」、「生徒からの反応は上々であり興味を持って参加する高校生が多く見られた」、「日本では学生が前に立って授業を担当する機会はなかなか無いため、このような体験も学習の一環として良いものであると思った」との感想が得られた。

図14　高校生を対象に心身相関体験授業を実施する大学生

また社会・環境心理学ゼミでは、準備と解説により専門知識を学びつつ、心理学科学生の学習イメージを高校生に提供するねらいのもと、心理学に関連するテーマで模擬実験を実施した。ゼミ学生には、模擬実験の種目について、2つのサブグループに分かれて案を提出させ、討論を通じて2つの種目（鏡像の選好、透明性の錯覚）を実施することに決定した。当講座には高校生18名と引率の高校教諭2名が参加した（図15）。担当学生達は、開始時には緊張から多少の硬さがあったが、しだいによい雰囲気で実施することができた。少し時間が空いた際も、ゼミ生が進んで話を始めて、間を埋めるなど、小さなトラブルには臨機応変に対応できた。担当学生からは「高校生とかかわりながら良い雰囲気で楽しくとりくめた」、「期待していた実験結果が出てよかった」、「解説は聞き取りやすく解りやすかった」、「当日の練習にあまり時間が割けなかったので準備をもう少し早くとりくむべきだった」などの感想が得られた。

学生には、模擬授業の準備を通して、意図した結果が得られる課題・条件を検討するなど、心理学的な研究の組み立てについて理解する機会が提供できた。解説内容を学生自身が調べて資料を作成することができたが、説明を練習する時間が十分にとれず、課題の絞り込みに授業内の時間を多く費やすなどの課題が残っ

た。

図15　高校生を対象に模擬実験を実施する大学生

8　まとめ

　オープンキャンパスや高大連携授業への参加を通し、社会との接点を持つことで、学生の自己効力感や責任感を養いつつ教育の質を高め、かつ大学としの独自性を高めていくことができるのではないか。このような一石二鳥、あるいは三鳥を狙って始めた試みであったが、実際に実施してみると、期待どおりの成果が得られた点はあるものの、多くの課題も見つかった。以下、実施して良かった点と、今後の課題に分けて記述していく。
　オープンキャンパスでのコンテンツ提供という具体的な問題を提示される事で、ただ受動的に授業を受けるだけでなく、学生各自が能動的に考えるきっかけが得られた点は、アクティブ・ラーニングならではの成果である。各自担当する仕事があり、当日の成功への期待（あるいは失敗することへの恐れ）から、授業時間外も実験室に集まり準備を行った。現場での高校生や保護者との交わりを通し、徐々に責任感が育ったと言えるのではないだろうか。また実施するなかで、学生自身が多くの問題点・改善点を見出し、先輩や友人を助けるために様々なアイデアを出し、徐々に質の高いコンテンツを提供できるように変化していった。これらの体験を通し、自分たちのアイデアが状況を改善する様子を目の当たりにし、限定的ではあるが効力感を得ることができたと考える。また、これらの過程が、自分たちの専門分野である心理学によって行われた点も見逃せない。参加学生たちが、一般社会からの心理学への期待を知り、心理学の魅力を再発見したこ

とにも大きな価値があると考える。また、繰り返しオープンキャンパスや高大連携授業に参加することで、事前準備→実施→反省→改善案の提起→（戻る）というサイクルや、問題点を随時記録し、必要に応じてディスカッションを行うなどの問題解決スキル、あるいは習慣が、ある程度身についたように思われた。社会人になった後に必要となる、いわゆる問題解決能力は、通常の授業カリキュラムでは養い難いため、このような過程が自然に学べる点においても、今回の試みの意義を評価すべきであろう。これらに加え二次的な成果として、大学生たちの感性によって高校生への訴求度の高い、より魅力的なオープンキャンパスを提供できたことがあげられる。いずれの改善案も、学生たちの体験や議論に基づくものであり、担当教員の想像を超える施策も多く存在した。大学の多くが学生募集に苦労する昨今、この点も見過ごせない成果と言えるだろう。

　一方で、授業の合間を縫って、あるいは授業時間の一部を費やして、事前準備を行い、オープンキャンパスや連携授業に参加し続けることは、非常に大きな労力を要した。十分な準備ができないまま現場に臨むことは、学生の自己効力感を下げると同時に、大学の印象をも悪化させうる点で、担当教員は十分に注意を払う必要がある。また、連携授業やオープンキャンパスは、授業外の時間帯に行われるため、ゼミ所属学生にどこまで参加を要求すべきかには議論の余地がある。今回の活動では参加は任意であったが、そのため学生による参加率・貢献度が大きく異なる問題が生じた。これらの点に関しては、十分な学習成果が認められるのであれば、今後は事前にシラバスにおいて参加の必要性を明記し、参加率や貢献度を成績評価に加える方式にしても良いかもしれない。

　これらの活動を通して実感したことは、単純ではあるが「人との出会いで人は変わる」ということである。アクティブ・ラーニングを成功させるコツは、社会に役立つ目標を設定する事であると考えるが、その重要性は講義で説いてもなかなか伝わらない。今回も実際に活動を行う中で、高校生や保護者が心理学に興味を持ってくれることをうれしく思い、より解りやすく解説したいと感じ、あるいは声を枯らして解説し続ける先輩を見て自らの不甲斐なさを感じ、あるいは人気の他コーナーを見て羨ましく感じ、等々、人とのかかわり合いの中で生じる、「より良い自分になりたい」という欲求・感情が、学生たちの努力を支えていたように思う。学生たちの成長を促すために必要なのは、信頼し役割を与え、より多くの裁量を彼らに委ねることであるかもしれない。今後もこのような活動を広げ、アクティブ・ラーニングを基軸とした教育の質向上に貢献していきたい。

第7章

私の授業づくりの工夫
―心理学専門演習におけるアクティブ・ラーニング

加曽利岳美

1　はじめに

　筆者が担当している「心理学専門演習（カウンセリング・認知行動療法）」では、人間学部心理学科3年生を対象として、クライエント中心療法を中心としたカウンセリング理論とマイクロ・カウンセリング技法、および、認知行動療法の理論と技法の学修を目指している。

　心理学科には、入学以前から対人関係や自己のアイデンティティに関する高い問題意識を持ち、それが心理学を学びたいという強い動機付けになったという者が多く見られる。3年生を対象とする本演習には、基礎的な心理学の学修の後、就職活動や進学の準備と併行して、自己の内的な問題を見つめ、より社会生活に役立つ知識や技能を身に付けることを目指して、カウンセリングや認知行動療法を学ぼうとする学生が多い。受講する学生の中には、将来、カウンセラーを目指す者だけでなく、一般企業、児童養護施設などの福祉施設、学校など、対人場面でのスキルが特に重要視されるような職場を志望する者もいる。そのため、学生は将来の進路を見据えた上で、自分が不得意とする一対一の対人場面での会話、公の場での発表、葛藤場面における適切な自己主張などの技能を、在学中に身に付けたいという、具体的な目標を持っている。

　近年、大学生に多く見られる対人場面における不安や苦手意識の背景には、核家族化、子育て観の変容、通信手段の個人化といった社会的変化が影響していることが指摘されている。また、学生の中には、過去の何らかのネガティブな経験から、認知行動理論でいう「認知の歪み（ネガティブな考え方のくせ）」を強め、長期に渡り、自己の苦手な場面や関係性を避け続けたことにより、不安をいっそう増大させてしまったという者もいる。

　これらのことから、本演習では、学生が対人場面での苦手意識や不安感を在学

中に少しでも克服し、より社会に適応できる能力を獲得できるようにするために、カウンセリングと認知行動療法の学修を目指している。具体的には、受動的に理論を学ぶだけではなく、学生同士がディスカッションを通じて具体的な目標を設定し、クライエントやセラピスト役となってロールプレイを行い、カウンセリングや認知行動療法を体験したり、ディスカッションや小論文の作成を通して学修目標の達成度を評価・分析するというアクティブ・ラーニングの方法を取り入れている。

　カウンセリングや認知行動療法のロールプレイを通して、学生は対人場面でのコミュニケーションにより自信を付け、自分の考え方のくせに気付き、心が軽くなるような考え（適応的思考）や、目標に近づけるような行動計画を、同年代のセラピスト役との対話により見出していくことができる。また、学生同士によるロールプレイでは、それまでの自己の閉じられた世界での悩みや葛藤を、安全で守られた空間において可能な範囲内で開示し、相互に共有し、吟味することができるため、相互理解が深まるだけでなく、自己肯定感や自信が高まることが期待される。

2　アクティブ・ラーニングとは

　アクティブ・ラーニングとは、文部科学省（2012）の定義によれば、「教員による一方的な講義形式の教育とは異なり、学修者の能動的な学修への参加を取り入れた教授・学習法の総称」である。松下（2015）は、Bonwell & Eison（1991）がアクティブ・ラーニングの一般的特徴として、以下を挙げていることを紹介している。
　⒜学生は、授業を聴く以上の関わりをしていること
　⒝情報の伝達より学生のスキルの育成に重きが置かれていること
　⒞学生は高次の思考（分析、総合、評価）に関わっていること
　⒟学生は活動（例：読む、議論する、書く）に関与していること
　⒠学生が自分自身の態度や価値観を探求することに重きが置かれていること
（Bonwell & Eison, 1991; 松下, 2015）
　さらに、松下（2015）は、溝上（2015）による定義を参照しながら、アクティブ・ラーニングにおける下記の特徴を追加している。

(f)認知プロセスの外化を伴うこと

ここで、認知プロセスとは、知覚・記憶・言語・思考などの情報処理プロセスを指す。通常、これらのプロセスは学習者の頭の中で起こるが、書く・話す・発表するなどの活動への参与に伴い、外化されるとされる（溝上、2015、P34 参照）。

また、松下（2015）は、Bonwell & Eison（1991）がアクティブ・ラーニングを「学生にある物事を行わせ、行っている物事について考えさせること」と定義し、「実際にやってみた上で、そのプロセスを自覚できること（行為とリフレクション）」の重要性を主張していることを指摘している。

3　カウンセリングの学修におけるアクティブ・ラーニング

上記の Bonwell & Eison（1991）によるアクティブ・ラーニングの一般的特徴・定義から鑑みると、従来我が国において多く行われてきたカウンセリングの学修は、理論の学修、観察、ロールプレイ、ディスカッションなどをその構成要素とするため、アクティブ・ラーニングの一般的特徴の一部を含んでいると言える。

しかしながら、近年、欧米ではアクティブ・ラーニングの考えをより強調したカウンセリングの学修プログラムが開発されてきている。例えば、Yong, Griffin, & Vest（2013）は、「講義・観察・実践モデル」に基づくアクティブ・ラーニングによるカウンセリング学修プログラムを提示している。このプログラムでは、薬学部の約 200 名の 3 年生が、まず、3 時間のカウンセリングに関する講義を受け、それに加えて、毎週 Midwestern University Chicago Collage of Pharmacy で開催される女性の健康療法のワークショップ（the Women's Health Therapeutics workshop）に参加した。学生はまず、40 名からなる 5 つのグループに分かれてワークショップを受け、その後、各グループはさらに、5 名からなる 8 つのグループに分かれワークショップを受けた。各グループには、アクティブ・ラーニングの計画を知るファシリテーターが配置されていた。ワークショップの冒頭で、学生は事前調査を実施し、受講した講義に関する知識と信念についての調査項目に答えた。そして、5 分間、5 年生が中心に演じたセッションを観察し、その後、3 年生はペアになり実際にカウンセリングを実施した。残りの 90 分で、学生はワークショップの課題を遂行した。ワークショップを終えると、学生に事

後調査を実施した。

このような観察、実践、調査を行い、事前・事後調査間でカウンセリングについての知識や信念の違いを、マクネマーのカイ二乗検定および、t 検定で分析したところ、学生の知識が、86% から 93% 増大していた。また、約 25% の学生が、アクティブ・ラーニングによる学修により、以前より 58.5% カウンセリングに自信が付いたと報告した。

4 認知行動療法の学修におけるアクティブ・ラーニング

最近、欧米では認知行動療法の学修においてもアクティブ・ラーニングの考えや技法が導入されてきている。例えば、Davis, Thwaites, Freeston, & Bennett-Levy（2015）は、認知行動療法士の技能を高めるために「自己訓練/自己反映（SP / SR: Self-Practice / Self-Reflection）」という訓練プログラムを開発し、認知行動療法の実践とその意味とを構造的に結びつけるという訓練を行った。その結果、SP / SR は、認知行動療法のスキルと対人的な治療的スキル（interpersonal therapeutic skill）の双方を高めたことが示されている。すなわち、技能的な訓練と、それに対する高次の思考とを組み合わせるという学修が、認知行動療法のスキルだけでなく対人治療的なスキルも向上させたことが報告されている。

また、認知行動療法士がより経験に裏づけられた実践を行うための、訓練とコンサルテーションを組み合わせた方法の有効性の検討（Davis, Thwaites, Freeston, & Bennett-Levy J、2015）や、若者の不安に対する認知行動療法の訓練として、認知行動療法の実践の後にコンサルテーションを取り入れたプログラムの開発（Edmunds, 2013）なども見られる。すなわち、認知行動療法の知識や技能の修得に加え、自己の実践を分析したり、コンサルテーションを受けるなどの「認知プロセスの外化（松下、2015；溝上、2015）」というアクティブ・ラーニングの要素が加わることにより、認知行動療法の効果がより増大したことが示されている。

5 本演習におけるアクティブ・ラーニングの導入

このような最近のアクティブ・ラーニングに関する知見を参考にしながら、筆者は、心理学科 3 年生を対象とした心理学専門演習（カウンセリング論・認知行

動療法）において、アクティブ・ラーニングの方法を取り入れたカウンセリング
および、認知行動療法の学修を目指している。

(1)アクティブ・ラーニングの方法を取り入れたカウンセリングの学修

　カウンセリングの演習では、先述した Young et al.（2013）によるアクティ
ブ・ラーニングの「講義・観察・実践モデル」に基づき、「観察と主体的な参加
（observation & active participation）を取り入れた学修を目指している。その内
容は、以下の通りである。

表1　アクティブ・ラーニングを取り入れたカウンセリング学修の内容

週	内容
1	・オリエンテーション ・本演習における学修目標についてのアンケート調査と小グループによるディスカッション
2	・事前調査 ・カウンセリングの理論・歴史に関する講義、守秘義務に関する学修 ・事後調査
3〜9	・カウンセリングの技法についての観察学習とロールプレイ ・ディスカッション ・事後調査

　1週目は、まず、本演習についてのオリエンテーションを行い、次に、学生
は、本演習における学修目標に関するアンケート調査を行う。アンケート調査の
内容は、以下の通りである。
　①　本演習での学修を、将来どのように役立てたいと思うか
　②　対人関係の中で、あなたが現在困っていることや苦手なことは何か
　③　本演習を通して、どのような知識や能力を身に付けたいか
　そして、学生は小グループに別れ、本演習で達成したい学修目標について
ディスカッションを行う。今年度は、下記の目標が挙げられた。
　①　知識・技能の修得：カウンセリングの知識・技能が身に付いている
　②　有用性の認識：カウンセリングの学修は社会の役に立つという認識を持つ
　③　自己効力感の向上：自分と話すことで相手の気分が改善することを実感す
　　　る
　④　想像力の向上：人の感情を想像することができる
　⑤　協調性の向上：グループ内で協調し、その中で心地良く過ごせる

上記5領域について各3項目ずつ、教員が翌週までに質問項目を作成し、合計15項目からなる自己評定用紙を作成する（Appendix 1）。学生は、この評定用紙を用いて、事前および、毎回の学修後にその達成度を、自己評価・分析することができる。
　2週目の冒頭で、学生は前週のディスカッションを基に教員が作成した自己評定用紙に回答する（事前調査）。その後、教員からカウンセリングの歴史や概要の講義を受け、守秘義務について学修する。その後、学生は事後調査に回答する。
　3週目から9週目は、学生は毎回マイクロ・カウンセリングのDVD視聴と観察学習を行い、その後、クライエントとセラピスト役になってロールプレイを行う。ロールプレイは、教員が用意したテーマでクライエント役、セラピスト役、観察者を体験する（Appendix 2）。その後、ディスカッションを通して、気付いたことや感想を話し合う（図1、2）。毎回のカウンセリング学修後に事後調査を行い、学修目標の達成度を自己評定する。

図1　ロールプレイの様子

私の授業づくりの工夫―心理学専門演習におけるアクティブ・ラーニング　　*125*

図2　グループ・ディスカッションの様子

(2)アクティブ・ラーニングの方法を取り入れた認知行動療法の学修

　認知行動療法の学修は、9回のカウンセリングの学修の後に行われるため、学生はカウンセリングの技法を基盤に置いた認知行動療法のロールプレイを、よりスムーズに行うことができる。認知行動療法の演習で用いる評定用紙は、Appendix 1 における「カウンセリング」の用語を、「認知行動療法」に置き換えたものとする。

　今年度の内容は、以下の通りである。

表2　アクティブ・ラーニングの方法を取り入れた認知行動療法学修の内容

週	内容
10	・認知行動療法の理論・歴史に関する講義 ・事後調査
11～14	・認知行動療法の技法（「認知再構成法」「問題解決法」）についての観察学習とロールプレイ ・ディスカッション ・事後調査
15	・本演習で学修した事柄についての小論文の作成

　学生は10週目に認知行動療法の理論と歴史に関する講義を受けた後、事後調査を実施する。11～14週目では、認知行動療法の技法の「認知再構成法（心を軽くするための考え方を変える練習）」や、「問題解決法（行動目標を設定し、アクション・プランを立て実行し、結果を評価・分析する方法）」についての観察学習とロールプレイを行う。そして、感想や気付きを報告し合い、ディスカッシ

ョンを行う。その後、事後調査を行い、1週目に設定した学修目標をどの程度達成できたかについて自己評価する。15週目では、本演習でどのようなことを学んだか、また、それを今後どのように活かしていきたいかについて、小論文を作成する。

　本演習における認知行動療法のロールプレイでは、大学生に共通する問題がテーマとなるため、大学生活における悩みや葛藤が他者と共有されやすい。そのため、適応的思考や問題解決方法の内容が、クライエント役・セラピスト役の双方からより円滑に提示されやすいという利点を持つ。なお、守秘義務についての十分な説明や役割解除を行うことで、現実の大学生活における人間関係に影響が出ないように配慮するという点については、専門家養成の場合と同様の配慮も行っている。

　また、注意事項として、本演習で学修した技法は、専門家を養成するためのものではなく、あくまでも自己理解・他者理解、対人場面での苦手意識の克服などを目標に置いた、体験を主たる目的とするものであることを学生に十分説明した上で、修得した技法を安易に現実の対人場面で適応しないようにすることなどを周知したことを付記しておく。

6　本演習におけるアクティブ・ラーニングの効果

　本演習で得られた事前・事後調査間で結果を比較すると、ほとんどの学生が、先述した学修目標である5領域（①知識・技能の修得、②有用性の認識、③自己効力感、④想像力の向上、⑤協調性の向上）において、事後の得点が事前に比べ増加していた。なお、本演習での調査結果は、統計検定を行うためのデータとしては十分蓄積されていないため、本稿では統計検定の結果は載せていない。

　しかしながら、アクティブ・ラーニングの考えを取り入れた全14回の学修を通して、学生からは、「カウンセリングの知識・技法が身に付いた」「一対一で話すことに抵抗が無くなった」「カウンセリングの学修を通して社会で活躍したい」といった肯定的な変化が報告され、自己評価や自己肯定感が向上したことが伺えた。また、最終回での学生の小論文からは、グループ・ディスカッションを通じて目標を設定し、それを念頭に置いてロールプレイができたことや、事前・事後の調査で自分の変化や成長が実感できた点が良かったことなどが報告されていた。以下にその一例を紹介する。

表3　アクティブ・ラーニングについての学生の感想

元々僕は、1対1で話すことに対してマイナスの気持ちが大きかったので、人とどう接すればいいのだろうかとか、相手の気持ちを見つけるまでのプロセスが大変なのではないか、ということを感じていました。本演習でカウンセリングの学修を行い、まず、話していて、すごく楽しかったというのがあります。また、自分の考えも話し、自分の考えていないような相手の話を聞けたということが、自分の成長につながったと思え、とても有意義な時間だと感じました。ディスカッションやロールプレイをしている時は、相手から新しい考え方をもらうことが多かったです。ディスカッションでは、違う視点からの意見とか、自分が目標にしたいような言葉も結構聞けて、うれしかったです。また、自分の考えを人に説明するということについても、自分の中に響いた言葉を周りに発信できるうれしさというものがありました。

(H. S. さん)

7　おわりに

　本稿では、「心理学専門演習（カウンセリング・認知行動療法）」において、Young et al.（2013）が提唱した「講義・観察・実践モデル」に基づくアクティブ・ラーニングの方法を取り入れ、カウンセリングおよび、認知行動療法の学修において、学生のより主体的かつ能動的な活動が行われたことを報告した。

　また、本演習におけるアクティブ・ラーニングの方法は、本稿2におけるBonwell & Eison（1991）および、松下（2015）が示したアクティブ・ラーニングの一般的な特徴に照らすと、従来のカウンセリング学修における一般的な特徴である(a)「学生は、授業を聴く以上の関わりをしている」、(b)「情報の伝達より学生のスキルの育成に重きが置かれている」、(d)「活動（例：読む、議論する、書く）に関与している」だけでなく、さらに、(c)「高次の思考（分析、総合、評価）に関わっている」、(e)「自分自身の態度や価値観を探求することに重きが置かれている」、(f)「認知プロセスの外化を伴う」が加わったものだと言える。

　本演習は、心理学科3年生を対象としたものであり、必ずしもカウンセラーを養成することを目的とした内容ではないが、就職や進学を控えた学生が在学中に自己の課題を明確化して達成目標を設定し、講義、観察、実践を通してその改善

を目指すことには意義があると考える。また、アクティブ・ラーニングの方法を取り入れたカウンセリングや認知行動療法の学修により、学生の対人コミュニケーションにおける自信や自己肯定感が向上することが学生の感想から示された。今後、アクティブ・ラーニングの理論に基づいたさらなる研究が期待される。

引用・参考文献

・Bonwell, C. C. & Eison, J. A. (1991) Active Learning: Creating Excitement in the Classroom (J-B ASHE Higher Education Report Series (AEHE)). The George Washington University. Washington DC.

・Cohen, B. A., Baepler, P., Walker, J. D., Brooks, D. C., & Petersen, C. I. (2016) A Guide to Teaching in the Active Learning Classroom: History, Research, and Practice. STERLING, VIRGINIA.

・Davis, M. L., Thwaites, R., Freeston. M. H., & Bennett-Levy, J. (2015) A measurable impact of a self-practice/self-reflection programme on the therapeutic skills of experienced cognitive-behavioural therapists. *Clinical psychology & psychotherapy*, 22 (2), 176-184. doi: 10.1002/cpp. 1884. Epub 2014 Jan 26.

・Edmunds, J. M. (2013) An examination of active learning as an ingredient of consultation following training in cognitive-behavioral therapy for youth anxiety. Temple University, ProQuest Dissertations Publishing, 3564738.

・松原達哉、楡木満生 (2003) 臨床心理学シリーズ⑤ 臨床心理基礎実習培風館.

・松下佳代 (2015) 序章 ディープ・アクティブラーニングへの誘い、松下佳代 京都大学高等教育研究開発推進センター (編著) ディープ・アクティブラーニング ―大学授業を深化させるために― 勁草書房.

・溝上慎一 (2015) 第1章 【アクティブラーニングの現在】 アクティブラーニング論から見たディープ・アクティブラーニング、松下佳代 京都大学高等教育研究開発推進センター (編著) ディープ・アクティブラーニング ―大学授業を深化させるために― 勁草書房.

・文部科学省 (2012) 新たな未来を築くための大学教育の質的転換に向けて―生涯学び続け、主体的に考える力を育成する大学へ― (答申) 用語集 中央教育審議会 http://www.mext.go.jp/b_menu/shingi/chukyo/chukyo0/

toushin/1325047.htm.

・文部科学省中央審議会　（2015）アクティブ・ラーニングに関する議論.
http://www.mext.go.jp/component/b_menu/shingi/toushin/__icsFiles/
afieldfile/2015/09/24/1361110_2_5.pdf.

・Young, S., Griffin, B., & Vest, K.（2013）. Active-Learning Instruction on
Emergency Contraception Counseling. *American Journal of Pharmaceuti-*
cal Education, 77（5）, 104, doi: 10.5688/ajpe775104.

Appendix 1　アクティブ・ラーニングによるカウンセリング学修についての自己評定用紙

アクティブ・ラーニングによるカウンセリング学修についての自己評定用紙

　　　　　　　　　　　　　　　　　　　　　　　　　　　　年　　　　月　　　　日

第　　　回

学籍番号（　　　　　　　　　）　　名前（　　　　　　　　　　　　）

内容：　①

　　　　②

（1）自己評定

	項目	全くそう思わない		どちらともいえない		非常にそう思う
1	カウンセリングの知識が身に付いている	1	2	3	4	5
2	カウンセリングの技能が身に付いている	1	2	3	4	5
3	カウンセリングの学修は意味がある	1	2	3	4	5
4	カウンセリングの学修は社会の役に立つ	1	2	3	4	5
5	カウンセリングの学修は将来の仕事に役立つ	1	2	3	4	5
6	私と話すことで相手の気分が改善する	1	2	3	4	5
7	私と話すことで相手の生活が改善する	1	2	3	4	5
8	人と一対一で話をすることに抵抗がない	1	2	3	4	5
9	人と一対一で話をすることに自信がある	1	2	3	4	5
10	人と一対一で話をすることが楽しい	1	2	3	4	5
11	人の感情を想像することができる	1	2	3	4	5
12	人の気持ちに共感することができる	1	2	3	4	5
13	グループでのディスカッションができる	1	2	3	4	5
14	グループの中で自分の意見を言うことができる	1	2	3	4	5
15	グループの中で心地良く過ごせる	1	2	3	4	5

（2）感想・考えたこと

注：1, 2, 3:「知識・技能の修得」；　4,5,6:「有用性の認識」；　7,8,9,:「自己効力感の向上」；

　　10,11,12:「想像力の向上」；　13, 14, 15:「協調性の向上」

私の授業づくりの工夫―心理学専門演習におけるアクティブ・ラーニング   *131*

Appendix 2 ロールプレイの例

ロールプレイの実習

第1回 かかわり行動の技法（attending behavior）

（1） ウォーミングアップ

（2） ロールプレイの進め方の理解
　　　　何を、どこまで話すか（他者に聴かれてもよいレベルの内容とする）

（3） ロールプレイ（5分ずつ）
　　テーマ：「子どもの頃、あなたが楽しかったことについて」
　　セラピスト役 ＜あなたの子どもの頃について、何か、あなたが楽しかった時のことを、
　　　話してもらえませんか＞

（4） 振り返り（5分）
　　① セラピスト役としての振り返り：感想、気付いたこと
　　② クライエント役としての振り返り：セラピストの印象、雰囲気、関わり方の特徴、
　　　姿勢や態度、うまくできていた点、もっと関わってほしかったこと

（5） 自己評定

	非常に よくなかった		どちらとも いえない		非常に よかった
① 視線の合わせ方	1	2	3	4	5
② 身体的言語	1	2	3	4	5
③ 言語的追跡	1	2	3	4	5
④ 声の調子	1	2	3	4	5

（6） 役割解除

（7） 注意事項
　　① 本実習で聴いた事柄については教室の外に持ち出さない
　　② 日常の対人場面で安易に技法を用いない

Appendix2　ロールプレイの例

第8章

活かし合う力づくり
―経営学部馬渡ゼミナールのグループ研究

馬渡一浩

1　馬渡ゼミの概要

　文京学院大学経営学部の馬渡ゼミナールは、著者が本学経営学部に職を得た2011年4月にスタートした。2019年度で第9期目を迎えている。正式名称は「ブランド戦略研究ゼミナール」で、「ブランド戦略を核にマーケティング戦略を学ぶゼミ」を標榜している。以下、長くなるが、シラバスで概要を確認しておく。

【ブランド戦略研究】

　指導教員　馬渡一浩。

【演習テーマ】

　ブランド戦略を核とした、マーケティング戦略の研究。

【授業の目的、到達目標（評価基準）】

　ブランド戦略の研究を柱に、マーケティング戦略を学びます。いいブランドを持つ企業の商品は良く売れ、社員のやる気も高まり、社会からの信頼も得やすくなります。ブランドは、今日、単に商品や企業の名前というだけではなく、マーケティングを（そして企業経営を）成功に導くための最重要の力のひとつです。

　ゼミでは、商品ブランド、企業ブランド、地域ブランドなど、ブランドについて幅広く学び、マーケティングへの理解を深めます。データや資料の分析はもちろんですが、実際に企業や町に出かけ、フィールドから生の情報を集めながら研究を進めていきます。

　3年間のゼミ活動を通じて、ブランド戦略やマーケティング戦略に取り組む上で不可欠な次の3つの力を養っていくことが目標です。

　①　顧客や社会のニーズ（意識、価値、行動等）を、広く深い視野で捉えられる力。

② 現場の目線で具体的に、企業や地域が持つブランドやマーケティングの課題を明らかにし、その解決策を組み立てられる力。

③ 様々な立場や価値観の人と、理解しあい、協力しあえる力。

【授業概要】

◆2年次

以下の3つの活動を柱に進めます。

① グループ研究の基礎となるマーケティングの知識を学ぶために、テキストを輪読します。あらかじめ課題を解き、それをグループで発表し合う形で進めます。

② 3つ程度のグループに分かれて、学内大会での発表を目標にグループ研究をします。研究テーマは各グループで自由に設定し、可能な限りそのテーマの実際の現場の方にお目にかかるなど、生の情報を集めながら進めていきます。

③ ブランドやマーケティングに関する実感を持ってもらうために、社会人をゲストにお招きし、生きた現場のお話を聞きます。ブランドやマーケティングの担当者、クリエーター、企業経営者など、様々な方をお呼びしています。

◆3年次

2年次の演習Ⅰと同じ3つの柱に沿って、内容を高度化して進めていきます。

① テキストを輪読します。ゼミの中心的な年次ですので、テキスト以外に多少高度な文献も読みます。

② グループ研究をします。3年次では学外大会での発表や、企業や地域の方々への具体的な提案が目標になります。2年次同様、3つ程度のグループに分かれて、取り組みたい研究テーマを設定して進めます。

③ 2年次と同様、ブランドやマーケティングの現場の方のお話を聞きます。

◆4年次

3年次までの研究を土台に、卒業論文に取り組みます。参考文献を収集し、実証データを集め、中間報告を繰り返し行いながら、論文の完成をめざすことになります（以下、略）。

2 馬渡ゼミとアクティブ・ラーニング

　上記のような馬渡ゼミが、どのような形でアクティブ・ラーニングとのかかわりを持っているのか、順に見ていきたい。

(1) アクティブ・ラーニングとは

　2012年8月の中教審答申（いわゆる大学教育の「質的転換」答申）の用語集において、アクティブ・ラーニングは、「教員による一方向的な講義形式の教育とは異なり、学修者の能動的な学修への参加を取り入れた教授・学習法の総称。学修者が能動的に学修することによって、認知的、倫理的、社会的能力、教養、知識、経験を含めた汎用的能力の育成を図る。発見学習、問題解決学習、体験学習、調査学習等が含まれるが、教室内でのグループ・ディスカッション、ディベート、グループ・ワーク等も有効なアクティブ・ラーニングの方法である」と説明されている。本論では、この説明を持ってアクティブ・ラーニングの定義としておきたい。

　また同答申では、「生涯に亘って学び続ける力、主体的に考える力を持った人材は、学生からみて受動的な教育の場では育成することができない。従来のような知識の伝達・注入を中心とした授業から、教員と学生が意思疎通を図りつつ、一緒になって切磋琢磨し、相互に刺激を与えながら知的に成長する場を創り、学生が主体的に問題を発見し解を見出していく能動的学修（アクティブ・ラーニング）への転換が必要である」とも述べている。

　大学教育は、専門教育の場であると同時に、社会人への助走の4年間でもある。「生涯に亘って学び続ける力、主体的に考える力を持った人材」を目標に据えることは、こうした社会人教育的な側面を強く浮かび上がらせるものであろう。前述の説明に述べられている汎用的能力などは、こうした領域に直接的に対応するものとなるはずである。

(2) 馬渡ゼミがアクティブ・ラーニングを取り入れた理由

経営学の性格から

　経営学部は、言うまでもなく経営を学ぶ学部である。仮に、経営が現場の中に生きるものであるとすれば、生きた形で実践的に経営を学ばせる場を持つことは、経営学部の教育にとって本質的に意味のあることになる。アクティブ・ラー

ニングは、経営学部には必要不可欠な要素と言ってもいいのかもしれない。

経営とは「力を尽くして物事に取り組むこと」（広辞苑）であり、「人々を通じて仕事を上手く成し遂げること」である。最も一般的な意味では、「一定の目的群の持続的、合理的な達成のこと」とも説明できる。本論では経営を、「人々の力を集めて仕事を上手く成し遂げ、会社や自治体などの組織や地域の価値を高め、社会を豊かに元気にすること」としておきたい。そして会社の場合、その価値は「期待キャッシュフローの割引現在価値の総和」で株主価値として表すのが基本だが、価値の主体を広げて「企業の活動に関係する各ステークホルダーや社会から見た現在価値の総和」とする視点も今日重要である[1]。経営はそれらすべての価値を同時に実現していく力でなければならない。

大切なことは、経営は、経営を行う主体（会社の経営者や自治体の首長等）、経営される客体（会社や自治体や地域等）、そして客体を包み込むより大きな客体（社会）といったリアルな実体群の存在とそれぞれの関係性によって成り立つものだということである。しかも、経営を行う主体は公式的・画一的に定まったものではなく、状況に応じてそのあり様は変化する。客体も時々刻々変化する。したがって関係性は一律一様ではなく、多様で、流動的である。そうした関係性の現状をいかに的確に把握し、価値や豊かさや元気を生み出す関係性として不断に再構築できるかが経営であるともいえる。様々な価値の主体が手を携え、力を出し合ってそれぞれのニーズを実現していけるように、様々な立場の人を関係づけ、関係に意味を与え、それぞれが自らの意思として動いていく環境を整えるといった、いわば「関係を動かす力」が求められるのである[2]。

こうした「動的な能力」は、いくら座学で専門の概念を言葉として学んでも、本当の意味での深い理解を得ることは難しいだろう。経営学の学びの中には、本質的にアクティブ・ラーニング的要素が含まれているべきなのである。著者のゼミでは、それに対応しようとしている。

マーケティングという学問の性格から

著者が教えるマーケティングという学問も、経営と同じような特徴を持つ。マーケティングは「ターゲット市場を選択し、優れた顧客価値を創造し、提供し、伝達することによって、顧客を獲得し、維持し、育てていく技術および科学」、「ニーズにこたえて利益を上げること」、「人間や社会のニーズを見極めてそれに応えること」（以上、コトラー＆ケラー、2014）である。ニーズの実現が大きなテーマになり、ここでも様々な立場の人を実際に「動かす能力」が求められる。

さらにマーケティングは、誤解を恐れずに言えば「テキストで読んだだけでは理解しにくい学問」である。マーケティングは、そのルーツはあくまでも会社経営の現場の具体的な取り組みにあったものである以上、原則的にはリアルな現場に立ち返り、その中に具体的な競合企業や顧客、そして商品をイメージしつつ考えるときに、その働きや意味が見えてきやすいものである。専門書を読んで知識は習得しつつも、それを生きた事例で組み立てて、知識を血肉化する必要があるのである。馬渡ゼミでは、「現場を体験する学び方」を、1期生を迎え入れた2011年度から取り入れてきた。

著者自身の体験から

著者が、転職後すぐに、アクティブ・ラーニングをゼミに取り入れようと考えられたのには、著者自身の大学や会社員時代の体験の影響もあった。能力的な問題もあった。本音ベースの理由は、以下の通りである。

著者は、大学ではゼミでマーケティングを学んだ。しかし本での勉強には生き生きとした喜びはあまりなかった。それよりも有志でチームを組んで臨んだ電通の学生広告論文[3]の執筆作業が、実際の企業（某大手食品企業様）と組んで取り組めたこともあり、大変に刺激の多い楽しいものになった。電通から良い評価もいただけ、やりがいを感じた。

電通では31年間、主にブランディングやマーケティングのコンサルティング業務に従事した。さまざまな現場に係わり、実際に業務を行った。マーケティングの面白さがわかるのは現場だ、という気持ちは多分その時、はっきりと認識したはずである。現場の面白さは、まさに広告会社の面白さでもあった。そして長年にわたってケースを積み上げた。それだけの量のケースをこなせば、一定の能力は自然に身についた。

一方、転職が決まって以降、大変に不安だったのは「はたしてゼミを教えられるか」ということだった。そこで当時存じ上げていた様々な大学の多くの先生に伺った。「ゼミってどうやるのですか」。「やりたいようにやればいいんだよ」。多くはたぶんそんなお答えだったと思う。そうなると頼りになるのは自分の経験と実感と能力しかない。できることは限られていた。幸いだったのは、本学の経営学部には「オープン大会」というグループ研究の発表大会があったことだった。グループによる実践的な研究を学部が奨励していた。さっそく取り入れた。以来8年、ゼミは2019年度で9期目を迎え、アクティブ・ラーニングを随所に取り入れて活動している。その取り組みを、前述の2年次と3年次の授業概要に沿っ

て説明しよう。

(3) 馬渡ゼミのアクティブ・ラーニング

ゼミ活動全般の中で

　馬渡ゼミでは、ゼミ活動全般を通じて、アクティブ・ラーニングを意識した取り組みを行っている。一番の基本としては、ゼミの時間を通じてゼミ生全員に、発言することをいつも意識させている。後述するように、発言をすることは、グループ研究のようなアクティブ・ラーニングで、特にリーダーシップを発揮するために欠かせない行動であるからであり、その練習のためというのが一つ。同時に「自由に発言していいんだ」「失敗をしてもいいんだ」というゼミの雰囲気（ゼミの文化）をつくりたいためでもある。ゼミ生たちは、「質問し、また質問し合うことが大事で、聞くだけではダメだ」ということや、「いつも笑顔で挨拶ができ、感謝の言葉が自然に口に出ることが大切だ」といったことを、繰り返し言われている。

　授業概要の①のテキストの輪読では、学生たち主導で進められるよう手順を工夫しつつ、発言の練習や「自由に発言できる雰囲気作り」をしている。当日輪読する部分に関して事前にレポートを書かせて持参させ、その内容をもとに、まず学生たちだけで議論をさせる。発表をする学生が偏り、一言も発言しない学生が出ないよう、また指名されて発言をするのではなく、学生たちの間で自然に全員が何らかの発言をするような雰囲気をつくれるようにしている。学年全体の18人一組では多すぎるので、4つくらいのグループに分けて行っている。

　③の社会人ゲストの回は、全員が質問や感想を述べることを義務とし、そうした意識で講義を聴くように指導している。発言の練習であると同時に、「失敗してもいい文化づくり」でもある。実際にゲストの講義後、自主的にどんどん手を上げさせ、もしくは指名をして次々コメントをさせている。ゼミでは「間違ってもいい、頓珍漢でもいい、口を開くことで自分自身の記憶に残り、また講演者の記憶にも残る。コメントの仕方も身についていく。一番悪いことは、自分の頭だけでわかったように思い、それをぶつけてみることをしないこと、議論をしないことだ」と繰り返し言っている。馬渡ゼミ生には、大学では発言することが正解を述べることと同じだけ大事、という認識をぜひ身につけてほしいと思っている。

グループ研究におけるアクティブ・ラーニング

　現在最もアクティブ・ラーニングを取り入れているのが、②のグループ研究である。2011年度にグループ研究を始めたとき、その方法は、自分自身の過去の業務体験等からの、いわば「見様見真似」だった。当時決めていたことは、ごく大枠のみで、①1学年を3チームに分けよう。1チーム5〜6名程度が適当で、多すぎても少なすぎても難しい。②テーマは自由に決めさせよう。お仕着せのテーマでは、学生たちはたぶん真剣にはやらない。③テーマに合った企業や土地を訪ねよう。そして生の課題を聴こう、等々である。前述のように、ゼミの進め方自体を知り合いの大学教員の方々に訪ねまわっていたような著者だったので、この程度の大雑把さはやむを得ないところであった。

　現在9期目を迎えた馬渡ゼミは、グループ研究の実績も8年分に及んでいる。内容もバラエティーに富んできた。そしてそれと共に、指導に対する著者の理解もたぶん相応に深まっているのだろう。馬渡ゼミのグループ研究は、1期目から外形は変わることなく継続されつつも、コンセプトはより明確になってきている。

　大切なポイントは2つあるように、今は思う。ひとつは、グループ研究のプロセスを通じて、専門の知識を学ぶだけでなく、学生たち自身の「動的な能力」を育むということである。グループを動かすリーダーシップのあり様を、専門知識を組み立てるプロセスの中で実感しつつ、自分自身のリーダーシップを育んでいってほしいという狙いである。これはまさに「動的な学び＝アクティブ・ラーニング」であり、そのための方法として、グループ研究という形式は最適のものだ。そして、後述のように、研究成果のレベルの高低は、リーダーシップの良し悪しとの関係性で見るべきもののように思える。

　ふたつ目は、生きた現場に入り込み、社会的な課題に向き合い、それを対象とすることの大切さである。前述のように、経営には、様々な立場の人を関係づけ、関係に意味を与え、各々が自らの意思として動いていく環境を整えるといった「関係を動かす力」が求められる。であるとすれば、そうした経営を学ぶ学部のゼミである以上、リアルな「動的な現場」を勉強の対象とすべきだということである[4]。まさに「動的な学び＝アクティブ・ラーニング」である。この8年間の研究成果を見ても、特に近年は、個別企業よりも社会全体の課題を取り上げた研究が増えてきており、その思いを強くする。用語集で説明される「汎用的能力」（「社会人基礎力」も同義と思われる）を高めるためにも、本物の社会を相手

にする以上の方法はないことは、言うまでもない。

「活かし合う力」の育成に向けて

　今回の執筆を通じて整理できたことだが、馬渡ゼミは、専門知識の獲得と同時に、グループ研究を中心としたアクティブ・ラーニングによって、「活かし合う力」を育てていこうとしている。それはゼミという場だからこそ実現可能なものであり、専門教育の成果を活かす可能性を高めると共に、前述の中教審答申の説明に述べられている汎用的能力の向上にも資するものである。キャリア教育にも大変有効だろう。「活かし合う力」は、図1に示されるような、3層のイメージである。

```
┌─────────────────────────────────────────┐
│ 3.　グループ研究で，企業や地域との協働を体験        │
│   ・生きた現場で社会的課題の解決に向けて協働        │
│   ・大学の広報・社会貢献活動としても有効           │
└─────────────────────────────────────────┘
  ┌───────────────────────────────────────┐
  │ 2.　グループ研究のプロセスで，リーダーシップを体得  │
  │   ・メンバー間の協働で，専門知識を組み立てる経験   │
  │   ・リーダーシップの養成                    │
  └───────────────────────────────────────┘
    ┌─────────────────────────────────────┐
    │ 1.　ゼミ活動全般の中で，話しやすい雰囲気をつくり出す │
    │   ・笑顔，挨拶，感謝の言葉                 │
    │   ・質問する。質問し合う。聞くだけ，はダメ       │
    └─────────────────────────────────────┘
```

図1　「活かし合う力」

　「活かし合う力」の土台になる1層目は、ゼミの雰囲気である。ゼミ活動全般を通じて、「自然に発言できる」「失敗をしてもいい」雰囲気をつくることで、思い切ってアクティブに発言し、議論をリードしていきたいという気持ちを持ち合えるようにするためのものである。アクティブ・ラーニングの土壌づくりということになる。学生たちにとっては、生き生きとリーダーシップを発揮しやすい土壌がどのようなものなのか、ゼミ活動の日々の体験を通じて実感していくことになる。

　その土壌の上に、2層目は、リーダーシップの体得である。グループ研究というアクティブ・ラーニングを行ない、そのプロセスを通じて学生たちにリーダーシップを育んでいってもらう。経営学部のゼミとしてキャリア教育的視点も踏まえて考えたとき、ゼミ活動のひとつの目標はリーダーシップ、すなわち「すべて

のゼミ生が、人を活かす力を、各々の資質に応じて持ちあえるようにすること」にあると考える（もちろん、それはあくまでも理想の目標だが）。グループ研究は、そこに向けた学習の機会としてまたとないものであり、ゼミメンバー全員がこうした力を持ち得るように、そしてお互い同士活かし合える関係になるように、進めていきたい。

　そして3層目は、企業や社会との協働体験である。2層目で体得したリーダーシップをリアルな現場の環境の中に持ち込み、社会的課題に向き合うことによって、実践的な「関係を動かす」体験を積ませていくことになる。それは経営学を学ぶ学生にとって、自らの「動的な能力」を本物の現場で試しつつ高める、またとない学習機会になるはずである。ゼミは、専門教育の拠点であると同時に、社会人としての活躍に向けた助走路の役割も担う。2層目のリーダーシップの体得と合わせて、キャリア教育の専門教育の中への埋め戻しという面からも、その意味は大きいと考えている。

　以上、3層の「活かし合う力」は、アクティブ・ラーニングだからこそ育み得る「付加価値」として、貴重なかけがえのないものである。1層目は2年生でゼミが始まってからすぐに、2層目は2年生のグループ研究段階から、そして3層目は主に3年生のグループ研究で、それぞれ意識して身に付けていけるように努力している。

3　グループ研究におけるアクティブ・ラーニングを組織行動視点から見る

　ここからは、馬渡ゼミのグループ研究におけるアクティブ・ラーニングの意味を、経営学の一分野である組織行動理論の概念を参考に整理してみる。整理に当たっては、いくつかのキーになる術語の意味を確認するところから始めたい。

(1)　土台となる概念の確認
　まずグループ研究の「グループ」である。グループとは、「メンバーが各自の責任分野内で業務を遂行するのを助け合うことを目的に、主として情報を共有し意思決定を行うために互いに交流する集団」（ロビンス、2006）とされる。「グループでは、能力と努力の重ね合わせを必要とするような集団作業の必要も機会もない。したがって、その業績は個々のメンバーの貢献の総和にすぎない。全体的な業績水準を投入量の総和よりも高くするようなプラスの相乗効果はない。」（ロ

ビンス、2006）。いわば1＋1＝2の世界である。

　グループに比較的近い概念に「チーム」がある。チームとは「ある目的のために協力して行動するグループ」（デジタル大辞泉）で、「協調を通じてプラスの相乗効果（シナジー効果）を生む。個々人の努力は、個々の投入量の総和よりも高い業績水準をもたらす」（ロビンス、2006）ものである。1＋1＞2. の世界である。

　この2つの言葉の意味を知った時、馬渡ゼミでは「グループ研究」の看板を掲げながらも、目指しているのは「チーム研究」であることに改めて気がついた（たぶんグループ研究に取り組む多くのゼミがそうだろうが）。ゼミでグループ研究を行うねらいは、「一人では無理だから大勢で手分けしてやろう（1＋1＝2の世界）」だけではなく（もちろんそうした側面もあるのだが）、「一人では手の届かないレベルの成果を、効果的なプロセスを体験的に学びながらつくりあげよう（1＋1＞2）」であるはずだ。

　ではチームのどのような要素が、高いレベルの成果を生み出すのだろうか。不等号を成立させる力になるのだろうか。チームのパフォーマンスに影響を及ぼす要因には様々なものが可能性として考えられる。一般的には、①メンバーの能力、共通目的の有無、具体的な目標の妥当性等ヒトとその認識の水準、②チームの規模、役割分担の適切さ、達成責任の問われ方、業績評価といった公式的な構造の良し悪し、③メンバー間の個人的つながりや相互信頼等の非公式組織の状態等である。加えて、④作業の進め方の良し悪しも、当然のことながらパフォーマンスを左右する。ゴール設定（研究テーマ、アウトプットイメージ）とメンバー間での共有（納得性）、体制やプロセスの共有、プロセスの円滑な実行等々である。では、ゼミのグループ研究では、こうした要因のどこに着目すべきなのか。

　グループ研究のチームは、会社等の恒常的な組織とは異なり、その年度ごとの新しいチームである。メンバーも毎年入れ替わる。学生個々の能力もバラバラである。成果のレベルを、たまたまゼミ生になった学生たちの能力の高低だけから見ていては、仮にレベルの高い成果が生まれたとしても、それはたまたまの産物だったという以上の評価はできない。また、毎年一から新たなチームを作るわけだから、公式的な構造はそもそも存在しない。非公式の組織はあるが、組織文化はほぼ存在しない。グループ研究のチームパフォーマンスを評価する際のポイントは、こうしたスタティックな要素では、たぶんない。

　グループ研究では、メンバーたちの「動的な能力」を、いかにチーム経験を通

じて高めていくかということこそが大切な主題のひとつでなければならない。したがって、グループ研究のチームパフォーマンスの評価では、④の作業の進め方の良し悪しをこそ見るべきである。合理的なプロセスを設定し、修正をかけながら着実にゴールに向けて、日々の作業を実行できているか。作業の進行とともに変化していく状況を動的（＝アクティブ）に捉え、それに能動的（＝アクティブ）に対応できているか。そうしたまさに「動的な能力」（「アクティブ・ラーニング能力」ともいえる。以下略）がグループ研究では求められており、それこそが向上を目指す評価の対象となるべきなのでる。グループ研究をアクティブ・ラーニングで行うということではなく、望ましいグループ研究は、まさにアクティブ・ラーニングそのものなのである。

(2) アクティブ・ラーニングに不可欠なリーダーシップ

　効果的なグループ研究のためには、変化する状況のもと、的確なプロセスを組んで個別要素を最適な形に組み上げる「動的な能力」が必要になる。この、グループに「動的な能力」を生み出し、グループをチームに変える力こそ、リーダーシップである。複数人数で取り組む場合は言うまでもないが、仮にひとりでの学習の場合にも、自分自身をアクティブにリードする力は必要である。すなわち、リーダーシップはアクティブ・ラーニングの要諦である。前記「活かし合う力」の２層目の部分である。

　ロビンスによれば、「リーダーシップとは、集団に目標達成を促すよう影響を与える能力」（ロビンス、2006）である。「この影響力の源は公式の場合もある」（ロビンス、2006）が、「無認可のリーダーシップ、すなわち公式の組織構造の外部に源のある影響力は、公式の影響力と同等、あるいはそれ以上に重要である」（ロビンス、2006）。

　日向野幹也（2015）は、独自の視点で「リーダーシップ最小３要素」をまとめている。それによれば、リーダーシップは「第１の条件は明確な目標を設定する（目標設定　set the goal）ことである。・・・第２に、自分がその成果目標のためにまず行動する（率先垂範　set the example）ことである。・・・第３に、自分だけでなく他人にも動いてもらえるように、成果目標を共有し、それだけでは動きづらい要因があればそれを除去する支援をする（他者支援　enable others to act）」ことだという。

　こうした概念規定や整理等を参考にしつつ、これまでの経験と観察から、グル

ープ研究に必要な「動的な能力」を生み出すリーダーシップの要素を以下のように想定したい。

① 目標を定めることができ、その狙いや意味を説明できる力。それには、研究テーマや方法論に関連する一定の知識がなければならない。そもそもグループ研究自体、必要な知識なしには行えない。

② 目標達成に向けた適切なつながりを生み出す力。メンバーそれぞれの能力や個性にふさわしい役割を描き、それらを組み合わせて、つながりの中に割り付けることができること。そして、その狙いと意味を説明できること。メンバーそれぞれの個性や特徴を融合させることが高いレベルの成果を導くならば、この力は重要である。融合させるために大事なことは、共通点を見いだすこと。そして、ギャップを見つけだすことである。

③ 自ら、もしくは他者に働きかけて、具体的な行動を起こすことができる力。そして目標を達成しようとする意欲を、いつも組織の中に生み出していける力。行動力であり、共感力である。

④ 変化する状況の中で、目標と行動をいつも確認し、必要であれば適宜修正をしていける力。

そして、この①から④を具体的に成り立たせるものがメンバー間のインタラクションであり、コミュニケーションである。例えばリーダーシップにおいては、聴くことが大変重要なことは言うまでもないが[5]、発言することもそれと同等に大事である。発言をしなければ意思は伝わらず、リーダーシップの発揮のしようがない。話し方は一人一人の個性や特徴によるが、少なくとも発言することに抵抗がない状態になっていることは、リーダーシップ発揮の大前提である。前述のように、一人一人のゼミ生についてその訓練が必要であると同時に、ゼミ全体の雰囲気としても、話すことに抵抗がない状態をつくっておくことが、ゼミでのアクティブ・ラーニングのためには欠かせない。

アクティブ・ラーニングは「学修者の能動的な学修への参加を取り入れた教授・学習法」とされるが、どの程度「能動的な学習への参加」が実現できるかは、学生たち個々の能力や性格、やる気などの違いによって異なってくる。学年による個性の差もある。どこまでアクティブにするか、何を学生の主体性にゆだねるか。リーダーシップにおいては、どこまでを教員が口をさしはさむことなく学生だけの力でリードさせるか、ということになるが、これもケースバイケースで、学生の能力とやる気との兼ね合いである。アクティブの度合いが最も大きい

場合、グループ内の役割分担を決めて、あとは基本的に彼らのリーダーシップに任せることになる。しかし実際は、そこまでアクティブにできる機会は必ずしも多くはない。多くの場合、まず、学生ひとりひとりのリーダーシップを試しつつ、可能なアクティブの程度を見積もることから始めることになる。

(3) 理想のアクティブ・ラーニングは、メンバー全員がリーダーシップを発揮している状態

どのような程度であれ、リーダーシップを発揮させなければ、グループ研究は進まない。評価した、可能なアクティブの程度に沿って、すべてのグループがそれなりにアクティブに、リーダーシップを発揮するよう持って行くことが必要になる。「言われたからアクティブ・ラーニングをする」というのでは、そこにはリーダーシップはなく、意味をなさない。何らかの「動的な能力」を発揮させなければならない。

とりあえずは、グループ研究に必要なレベルのリーダーシップをグループとして担保できるかである。グループの中にひとりでも、リーダーシップを取れる学生がいれば、そのレベルはクリアできる。しかしそれでは「活かし合う力」を新たに獲得したことにはならない。自ら主体的に取り組んで成果を得ることがアクティブ・ラーニングの基本であるとすれば、水準以上のリーダーシップをグループごとに獲得していきたい訳である。グループのメンバーひとりひとりが、程度の差はあれ、リーダーシップについて何かを体得した状態をつくりたいのである。

その意味で、アクティブ・ラーニングのゴールとして目指すべきは、メンバー全員がリーダーシップを発揮している状態である。これはもちろん、全員が船頭役をやるという意味では全くない。メンバー各々がそれぞれの役割分担を正しく理解し、効率よく作業を進めながら、しかも全員が全体のことを把握している状態をつくり出せている、ということである。前述のリーダーシップの要素にあてはめてみれば、全員が、

① 目標の狙いと意味を説明できる。
② 目標達成に向けた適切なつながりを生み出すことが適宜できる。
③ 自ら、もしくは他者に働きかけて、具体的な行動を起こすことが適宜できる。
④ 変化する状況の中で、目標と行動をいつも確認し、必要であれば適宜修正をかけることができる、といった状態である。

そして、理想としては、これらに加えて、だれでも船頭役をこなせるだけのポテンシャルを持つ、ということであろう。もちろん、そこまでのレベルに持って行くのは容易なことではなく、究極の理想ではあるのだが。

全員がリーダーシップを発揮しているチームは、結果的にスタティックな特性としてもたぶん優れている。例えば、ヒトにおいては、研究内容に対するグループメンバーの理解や関心が充分に高く、メンバーひとりひとりの表情は明るいだろう。公式構造では、役割分担や作業プロセスが合理的で、それに対するメンバーの納得性も高いはずだ。非公式組織では、グループ全体の雰囲気が明るく、前向きな賑やかさがあり、自分たちのあるべき姿に対する認識がきちんと共有されていることだろう。組織アイデンティティが明快な、インターナルブランディングが行き届いたグループになっている、という言い方をしてもいいのかもしれない。

4 グループ研究におけるアクティブ・ラーニングを地域ブランディング視点から見る

次に、馬渡ゼミの看板テーマであるブランディングの視点から、馬渡ゼミのアクティブ・ラーニングの意味を整理してみたい。地域のブランディングである地域ブランディングの図式を参考に考えてみる。

(1) 土台となる概念の確認

地域ブランディングは、地域のブランドづくり、地域のプロモーションや活性化のための大切な手法の一つと今日認められている。そもそもブランディングとは、ブランド[6] の ing 型で、商品や企業をブランドとして育成していくといった意味である。したがって地域ブランディングは、地域をブランドとして活性化していくという意味になる。ただ地域の場合には、ブランドはあくまでも地域の魅力のわかりやすい象徴ではあってもそれ以上ではなく、気の利いた名前をつけてマークをつくれば地域が活性化するという単純なものではない。大切なことはブランドに力を与える地域の実体そのものである。それをどのように魅力に富んだものとしてつくりあげていくか、そして同時にそうした魅力をどのように地域内外の多くの人たちに伝えて分かち合っていくか。そうしたトータルな実体開発＆コミュニケーション戦略が地域ブランディングなのである。ブランドやコミュニケーション視点からの地域活性化戦略と言い直したほうが、さらにわかりやすい

かもしれない。

　地域の中には、学生たちがグループ研究のテーマとして取り上げられる素材が山のように詰まっている。大小さまざまの課題がある中で、例えば大きな課題は、人口減少への対応、交流人口の拡大、生産額の拡大、新産業の創出といったことであり、およそ多くの地域の共通課題である。個別領域ごとの課題は枚挙にいとまがなく、本学の各学部学科において、何らかの適合する課題を見つけることができるはずだ。そして実際、馬渡ゼミ生たちはいくつかの地域のその種の課題に対してグループ研究の成果を披露し、その中には実際に採用に向けて検討されているものもある。馬渡ゼミが「ブランド戦略ゼミナール」の看板を掲げており、実際にグループ研究がそうした看板の元に展開されているわけであるから、専門の立場の理論からグループ活動の有効性を示すことができれば意味深い。前記「活かし合う力」の３層目にあたるものである。

(2)　様々な主体をアクティブに巻き込む

　地域ブランディングには、それを成功に導くためのいくつかの要件がある。馬渡ゼミのグループ研究が地域ブランディングや地域活性化の課題に取り組む際、基本として押さえる要件でもある。細かい説明は省くが、基本的な構図を図２に示す。著者は「地域活性化のトライアングル」と呼んでいる。

　地域には様々な立場の人や組織が、ステークホルダー[7]として係わっている。図２の３つの白い円等はその代表的なものである。地域ブランディングをテーマとしたグループ研究では、こうした様々な立場の主体を巻き込みながら、自らも域外の生活者の代表として地域の中に入り込み、研究テーマについて共に考え、解決策を導き出していく。ステークホルダー全員で、非常に大掛かりなグループ研究をするようなイメージである。

　地域ブランディングでは、「地域活性化のトライアングル」をいかにうまく作るかがポイントである。それには「よそ者・若者・ばか者」の積極的な貢献が不可欠と言われるが、本学学生はまさにその「よそ者・若者」にあたる。研究する学生であると同時に地域活性化の重要な役割を担うステークホルダーともなって、対象の中に入り込み、まさにアクティブに活動するわけである。主体的に活動する地域の人々と連携・協働し、また幅広い域外の方々に協働を促すなどして、地域の活性化を目指していくことになる。

　その具体的なプロセスは、様々なステークホルダーとの間でインタラクション

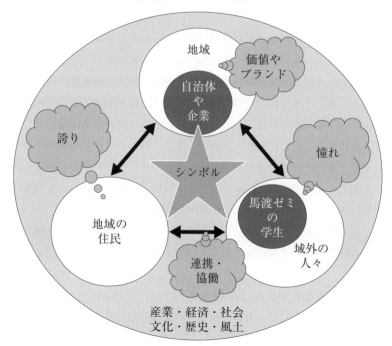

図2 「地域活性化のトライアングル」

とコミュニケーションを繰り返しながら、前述のリーダーシップの要素をそのまま現実の社会の中で展開していくイメージである。具体的には以下のようになる。

⑤ 目標を定め、その狙いと意味を説明する（地域ブランディングの目標は何か）。

⑥ 目標達成に向けた適切なつながりを生み出す（目標達成のために、どんな組織やしくみが必要か）。

⑦ 自ら、もしくは他者に働きかけて、具体的な行動を起こす（どんな役割分担で、どんなスケジュールで、それぞれが活動を進めるか）。

⑧ 変化する状況の中で、目標と行動をいつも確認し、必要であれば適宜修正をかける。

もちろん、馬渡ゼミの学生がこうした行動をすべて自分たちだけで行うわけではない。地域に係わるそれぞれの立場の人々が、個性や特徴を融合させつつ協働し、うまく全体として機能するように働きかけるのが基本的な役割になる。

⑶ 「アクティブ・ラーニングプラットフォーム」としての「奄美プロジェクト」

　馬渡ゼミは、授業概要の項目から少し外れたところに、アクティブ・ラーニングの生きた場を持っている。それが「奄美プロジェクト」である。2013年8月を皮切りに、2019年3月末までで都合10回、毎回異なるメンバーでグループを作り、奄美を訪問して様々な活動を行っている。参加は個人の自由、学年を問わず誰でも参加でき、目的もそれぞれであっていい（行動自体はグループで一緒に行うが）。例えば、これまでの参加者のうち2名が、そこから得られた知見をもとに研究を積み上げ、卒論を執筆した。ある回のメンバーは、全員で文京祭での展示を行う（鹿児島県内でしか売っていない奄美製のお菓子を文京祭でテストマーケティングする）準備のために参加した。2016年9月の第6回目の訪問の目的は、現地の奄美高等学校の生徒たちとの、大島紬をテーマにした交流勉強会の開催だった。2017年3月の第7回目は、学生たちのアクティブ・ラーニングよりも、奄美市長への表敬訪問のほうが目的の比重は大きかった。このように、奄美プロジェクトは、自分がやりたいことを、奄美との関係の中で実現できるのならば自由に使って実現しよう、という仕組みなのである。大変にアクティブな学びの機会であろう。スタートから6年が経とうとしているが、「相乗り型のアクティブ・ラーニング・プラットフォーム」とでも呼べそうな存在に着実に進化してきている。すでに馬渡ゼミ生だけのものではない。ゼミに所属していない学生の参加もあった。経営学部のフィールドワーク科目である「アニメジャパン」の学生たちも、この奄美とのつながりを活用している。

　自然や文化に恵まれた奄美というリアルな空間に、経営を行う主体や客体が現実の関係性を持って存在し、訪ねていく学生に心を開いて受け止めてくれる。学生たちが現実の社会に入り込み、向き合いながら活動して五感で何かを学び取ろうとするとき、これ以上に贅沢で恵まれた学習環境はないのではないかと思う。

　以上が、グループ研究を中心にした馬渡ゼミのアクティブ・ラーニングの概要である。

5　グループ研究におけるアクティブ・ラーニングの効果

　アクティブ・ラーニングの効果については、まだ検証は行っていない。馬渡ゼミのグループ研究において、アクティブ・ラーニングの程度すなわちリーダーシップの水準が、研究成果のレベルにどのように関係するか等の研究は、まだ手が

ついていない。したがってあくまでも著者個人の直感的見解に過ぎないが、両者の間には明らかに何らかの関係性があるように見える。こうしたことの解明は今後に向けた課題である。そしてそのためには、まず、評価のための軸をどのように設定するかから考えなければならない。

前述のリーダーシップの要素などは使えるであろう。経営学部等のルーブリックで用いられた項目を参考にすることもできよう。経営学部のルーブリックは、4年間の学生生活全体を通じての向上度を測るためのもので、今回のテーマからするとやや大きすぎる指標体系ではあるが、押さえるべき基本的な視点として参考にしていきたい。そして実際の評価である。単純にアクティブ・ラーニングの効果の評価だけではなく、今日の大学経営で必要とされる視点等も取り込みながら進めていきたい。結果は公表して共有したい。

実際に完成したグループ研究の成果やそれに対する評価を見れば、グループ研究という形のアクティブ・ラーニングが着実な成果を上げているのは間違いのないところである。学生の主体的な学びやリーダーシップという面でも、グループによる程度の差はもちろんあるが、大きな流れで見れば着実にレベルを上げてきている。目に見える成果としては、2016年度の第56回インナー大会[8]で、「幼児教育プロジェクト」が審査委員賞（3位）を受賞することができた。

アクティブ・ラーニングの成果は、また、専門教育以外のところ、例えば就活の面接やグループ面接などでも発揮されるようだ。前述のように、ゼミはキャリア教育の拠点でもあるべきと考える著者には嬉しいことなのだが、就活の終わった学生の声を聴くと、「グループ面接は、まるでゼミのグループ研究をしているみたいだった」といった趣旨の感想を聞くことが少なくないのである。

6 おわりに―今後に向けた展望と課題

馬渡ゼミのアクティブ・ラーニングは、前述のような様々な課題があるが、大きな方向性と展望としては、基本的にこれまでの歩みを続けていく形でいいように思う。アクティブのレベルを上げ、より合理的なプロセスを通じて成果を実現できるようにしたい。また、より大きな「動的な力」とリーダーシップを、学生に与えていけるようになっていきたい。さらには、そうした学生たちのグループ活動を通じて、実社会の企業や地域に貢献できる機会を少しずつでも増やしていきたい。

今一度、具体的な課題を整理すると以下のようになる。

① 活動の評価軸づくり。

② 評価の実施（例）。

    1）アクティブ・ラーニングにおけるリーダーシップ育成の効果。

    2）学生の満足度、活躍度。関係する各種個人データ（入学から卒業後の現在まで）との関係。

    3）大学のブランド・エクイティ（イメージ構造、キャリア教育の効果、広報社会貢献活動の効果）。

    4）その他。

③ 評価結果の公表と共有。

2019年度でゼミ創立から9年目、インナー大会に参加するようになってから7年目を迎えている。これまではグループ研究の内容指導でてんてこ舞いだったというのが正直なところであった。しかしインナー大会で審査委員賞をいただいたことで、指導をしながらも半歩引いてそのプロセスを評価するだけの余裕が、少しではあるが生まれてきたように思う。ちょうどそうしたタイミングで、アクティブ・ラーニングの視点から、ゼミ活動を客観的にとらえて評価してみる機会をいただけた。これは何よりありがたいことだったと考えている。と同時に、一旦ここで諸々を整理した上で、さらにもう一段上をめざせとご指示をいただいたように感じたことも事実である。頑張っていきたい。

参考文献

日向野幹也（2015）新しいリーダーシップ教育とディープ・アクティブラーニング 勁草書房.

馬渡一浩（2014）奄美プロジェクト 経営論集第24巻1号（文京学院大学総合研究所）.

馬渡一浩（2016）奄美プロジェクトⅡ 経営論集第26巻1号（文京学院大学総合研究所）.

文部科学省（2012）新たな未来を築くための大学教育の質的転換に向けて〜生涯学び続け、主体的に考える力を育成する大学へ〜（答申）.

ダニエル・ゴールドマン、リチャード・ボヤツィス、アニー・マッキー（2006）EQリーダーシップ 日本経済新聞社.

刈屋武昭（2006）企業の価値創造経営プロセスと無形資産 経済産業研究所.

フィリップ・コトラー、ケビン・レーン・ケラー、恩藏直人監修、月谷真紀訳
（2014）コトラー＆ケラーのマーケティング・マネジメント基本編（第3版）
丸善出版.

ステファン・P・ロビンス、高木晴夫訳（1997）組織行動のマネジメント　ダイ
ヤモンド社.

馬渡一浩（2014）地域発文化コンテンツを核にしたグローバルCC戦略　日経広
告研究所報2014年10月号.

デービッド・A・アーカー、陶山計介訳（1994）ブランド・エクイティ戦略　ダ
イヤモンド社.

---

1 「企業の価値創造経営プロセスと無形資産」（刈屋武昭、2006）を参考として
いる

2 著者は、こうした経営の意味を、経営学部の学生全員に1年次のはじめから
理解させることが大事だと考える。初年児教育などの場でも、何らかのフィール
ドワークなどを取り入れつつ、繰り返し具体的に伝えていくべきではないだろう
か。

3 広告の使命・役割に関する大学生・高校生への理解促進を目的に1949年に創
設された。主催は株式会社電通。

4 こうした取り組みは、大学の広報・社会貢献活動としても、結果的に大変有
効である。

5 「EQリーダーシップ」によれば、リーダーシップは感情を組織のエネルギー
（共鳴）にかえる力であり、それには①運動模倣（事前に体験を共有しておくこ
と）、②心の波長をあわせる共感（聴くことから聡明な判断を下すこと）、③ラ・
ポール（信頼関係）が大事であるという。

6 アーカーによれば、ブランドとは、ある売り手あるいは売り手のグループか
らの財またはサービスを識別し、競争業者のそれから差別化しようとする特有の
名前かつまたはシンボルである。

7 利害関係者のこと。

8 日本学生経済ゼミナール関東部会主催。日経ビジネス、日経BPマーケティ
ング協力。

活かし合う力づくり―経営学部馬渡ゼミナールのグループ研究 153

馬渡一浩先生

【参考資料】

人間学部 FD 研修会（2017 年 1 月 25 日）の討議記録

　以下は、第 3 章以降の論稿のもととなった本学人間学部 FD 研修会の討議記録である。著者である古市、渡辺、青木、長野の 4 名の報告をもとに、「アクティブ・ラーニングと魅力ある授業づくり」をテーマに学部内 4 学科に分かれて議論を深めた。

　これをみると、アクティブ・ラーニングのとらえ方は教員によって実にさまざまであることがわかる。しかしどの学科にも共通するのは、目の前の学生の実態から出発して議論が行われたことである。重要なのは、アクティブ・ラーニングの推進を無条件の前提とした議論ではなく、現実の学生を前にいかにして彼らの学びを励ますのか、そのために授業の内容と方法の何が問われなければならないのか、それぞれの科目の専門性や教育目的と重ねながら、熟考することであろう。

　本資料を本文と併せてお読みいただくことで、本学部教員の様々な声が、共通の課題を抱える多くの教育関係者のコミュニケーションへとつながっていくことを期待したい。

（木村浩則）

①コミュニケーション社会学科
テーマ「魅力ある授業作り：講義型授業と問題解決型授業の連携」

古市：双方向の授業やフィールドワークの授業をしているのがコミ社の特徴です。前期は、講義型授業から、双方向の対話型や問題解決型授業へと展開する際に、教員間の有機的連携が必要であるということを共有しました。今回も引き続いて、検討を深めたいと思います。よろしくお願いします。
寺島：アクティブ・ラーニングの重要性が言われているが、具体的にどのようにやっているか知りたい。私の場合は、講義型はお題を設定して、グループやペアワークを 30 分、紙ベースではなく、スマホを使いクラウド上で意見を共有する。QR コードでクラウドを共有し、紙に書くより早いが、深く考えるには向かない。

ここ数年行っていて、講義 60 分、ペアワークもしくはグループワーク 30 分の 90 分完結型。場合によっては宿題を出す。グループの人数（2〜3 名）を少なくして行う。数が多くてもクラウドなので共有しやすい。1 年生からやっている。教員は、回答フォームを準備しておく必要がある。

登丸：メディアリテラシーの授業では、グループワークの手法を用いている。ビデオカメラを使うこともある。グループワークが大変になるのは、メンバー仲が悪いとき。一人に負担が行かないように調整が必要。文句がでてくるので、グループの編成に気を遣う。単位だけ欲しい学生がグループワークに参加しない傾向がある。

加藤：講義は異文化コミュニケーションの授業で、グループ分けは、学生数が少ないので、あまりディスカッションが活発にならない。プレゼンをさせたり、ペアワークをしたり、マニュアル的に授業をしている。寺島先生の方法はいいなと思いますが、IT 教育の範疇になるのでしょうか？　アクティブ・ラーニングを考えたときに、いろいろな意見を考えなければいけない。人数が少ないと、同じ人の意見ばかりになる。

古市：高校に行った際に、今までやっていることは生かされていますか？　と質問された。授業では、題材を設けて、ペアワークやグループワークなどで討論をしている。討議の進行など役割を担う経験をする。

加藤：そもそも基礎的な知識や経験が乏しい中で、アクティブ・ラーニングは本当に有効なのかが少しわからない。従来の講義型も軽視しないでいくことが必要。

古市：しっかり蓄積されているのかが不安である、と高校の先生が述べていたので、大学でもしっかり蓄積されているか確認が必要。

関根：人数によって益、不益がある。100 人以上の授業では、学生からの毎回の質問を集めて共有するのが、なかなか追いつかない。人数が少ない場合、やたら質問が多くなった。

宮本：カリキュラムマップの確認が必要。講義、演習、実践の中で、どのようにつなげて、アクティブ・ラーニングを盛り込んでいくかの議論が必要。教員間で授業内容を確認して、どのようにアクティブ・ラーニングを入れていくのか、具体的に学生に理解できるようにする。非常勤まで共有するのは難しい。

古市：アクティブ・ラーニングに適している授業とそうでない授業がある。グループワークをし続けても、付箋を貼って終わりになる。トップランナーの話や講

義が聞きたいという要望もある。

加藤：講義だけで魅力的な授業もある。意見を持っている学生同士だったらいいかもしれないけれど、何を討議していいかわからない学生には難しい。

中山：基礎演習Ⅱで、残り30分で課題を出す。例えば社会貢献ビジネスをテーマにする、100円のペットボトルを1000円で売るというような。課題解決型の授業をすると、教員が何を教えなければいけないのか見えてくる。フィールドスタディ、フィールドプロジェクトをさせるが、臨機応変な対応ができ問題解決できるような能力を養う訓練が必要。その連携をしなければいけない。

古市：先生方の話を聞いて、①3.4年生を外に出す際に、1.2年生のうちのメンバー間の調整をしていく必要がある。②オープン科目のところは、アクティブ・ラーニングをしている。他学科の学生もいるので、いろんな意見を入れやすい。

寺島：これまでの話で、具体的な例が無かったのですが、ディベートをしている先生はいますか。私は、ジェンダー論の授業で、ディベートをやったときに、3回に渡って、事前の学習をして、話し合うという流れにした。

加藤：初年次教育でも行って良かったが、準備で3時間を使うかどうか。各科目の目標は何かということを考えなければいけない。

登丸：教員としては「メディア社会学」から「メディアリテラシー」につないでいるつもりですが、学生に伝わっているのだろうか。

寺島：卒論を読んでいて思うのは、授業の内容が関係ない。

古市：知識の積み重ねがない。

宮本：主要な科目間での共通性は必要。単発の科目については、難しいのではないか。初年次教育の中で、プレゼンばかりではなくディベートも入れていくのは良い。

加藤：本を読み込ませる必要性がある。他学科の学生が入ると、文化が違うから面白い。

古市：地域社会学、環境社会学では、70分講義して、20分程学生に話させる。2週に渡って考えてもらっている。テーマは、江戸川区のスーパー堤防について。結果は出ないが、みんなで考えるプロセスをつくる。

寺島：映像を元に話をしてもらう。面白い動画などを見せても全然反応がない。「問い」の出し方も課題になる。漠然と聞いても反応が乏しい。これからチャレンジしたいと思うことはディベート。クラウドは時間短縮にもなるので、おすすめです。

②児童発達学科

テーマ「領域を超えて深める、魅力ある授業づくり」

　討議内容は「①後期の活動報告」と「②カリキュラムの内容を深める」であった。

≪後期の活動報告≫

　前期に引き続き、後期の活動も"環境"・"図工"・"音楽"を関連させたテーマとし、2時間の「焼き芋づくり」を計画していた。しかしながら、降雪のため延期になり、木村学先生の授業時間を拝借して実施されたことが報告された。

　主な活動内容は、以下の通りであった。

・一からの焼き芋づくり（材料調達・火おこしなども含む）

・フロタージュ制作（芋を焼いている間）

・自然の音を聴く、風の音・火の音

・"たき火"の斉唱

　今回の活動は共同作業が多く入っているためか、学生間の交流が見られ、互いの学びが深まっていく様子が見受けられた。

≪実践者：日名子孝三先生・木村学先生・渡辺行野先生≫

　焼き芋が出来る原理を知らない学生や、そもそも火が燃える原理を知らない学生がいたが、ひとまず"問題発見型"で学生たちに取り組ませた。最終的には全チームが焼き芋を焼くことが出来た。

　また、学生が自然のものを利用し、ゆったりとした時間や会話を共有、インフォーマルな中で会話ができるように、あまり普段話さないようなことを話したりなど、そういう時間を経験してもらう中で、いわゆる遊びの重要性も伝えたい。"遊びの援助と理解"の授業中に実施したので、子供達の遊びが私たち大人との時間感覚が違うということを感じ取ってもらえたらという目的もあった。

　日名子先生にアイディアをいただきながら、フロタージュを行った。様々な色の葉を作らせる過程で、どのように形を浮かび上がらせるかを考えさせた。しかしながら、なかなかうまくいかず、完成した作品があまり芳しくなかったため、急きょ内容を変更し、大きなパネルへ自由に作品を創作するということにした。

≪協議≫

・今の学生は自然と触れ合う機会も少なく、物を扱うにあたり、手加減が無かったり、物質そのものの感触を考えたりしていない。また、何をさせても、その先の結果の見通しが出来ていない。一つのことに対して言われたことは理解しても、それを工夫しようとはしないし、工夫の説明をしても通じていない。一度作ったものを見せるのも良いが、痛みを伴わないと、本当の意味での理解とはならない。

・原因として、保育や教育現場の責任も少なからずあるものの、主に家庭環境だと考えられる。家庭の中での遊びの時間が足りていないのではないかと思っている。そういった学生をこれから現場に輩出することで、母親は一層大変になるのではないかと考えられる。

・子どもや学生だけの問題ではなく、大人でも同様の問題がでてきているかもしれない。

・形のないものは絵として認めないというようなことがあるが、形のないものとして理解し、認めるといった柔軟な思考でないといけない。今のまま子どもに指導すると、単純に指導したことだけになってしまう危険性が考えられる。体育や音楽でも、自由課題とすると同様の問題に直面していると思う。

・これらの問題を授業で扱い、学生に指導していかなければならない。しかしながら、授業の枠組みの中で教えるのは大変難しいことである。

・実際の保育現場において、新人教諭の知識・経験不足を感じている。

・浮き彫りになった課題については、自然との触れ合いの少なさと、個人が持つ感性の両面が考えられる。感性は鍛えられるが、それを鍛える機会が少ない。また、授業でも説明をしていかなければならないが、その説明は非常に難しいものである。

・模擬保育で創作活動を実施し、子ども役の学生が様々な活動をするものの、指導者役の学生がそれを全く拾えなかったり、気づけなかったりということを感じる。“人と違う”を感じ取るような指導をする必要がある。

・学年によってグループワークが厳しいと感じることがある。期日を守れない・発言をしないということが見受けられた。また、実習で授業を抜ける人がいるから先にやっておこう・補おうというような見通しが立てられていない。

・芋を包むためのアルミ箔がどのくらい必要かが分からず、包むのに足りなかったりした。目分量が分からない、二つ以上のことを同時にできないという学生が

増えている。

・人間も含めて、生き物を育てることの大変さが分かっていない。他大学では、飼育小屋を作り、飼育当番を義務とした活動が実施されているケースがある。今回の焼き芋づくりは、本来は芋を植えるところから実施するのが望ましい。長期間や学年をまたいだ活動も視野に入れてみてはどうか。

≪カリキュラムの内容を深める≫

　後期の活動を通して浮き上がってきた諸問題はカリキュラムの内容と関連する。"焼き芋づくり"は様々な領域を関連させた活動であったが、学生における各領域の専門知識の不足を感じ取れた。それを踏まえたうえで、各領域の先生方が学生に対して更なる専門性を養わせ、改めて他の領域とも関連した取り組みをさせる必要があるのではないか。他の領域との連携となると、カリキュラム内容と関連するため、後期の活動を踏まえながら、他の授業等についても議論をしたい。

・現状の初年次の基礎演習では、書くことをメインとしているが、ディスカッションやワークショップを増やす必要性を感じている。しかしながら、1対1のディスカッションだと互いに話すが、多人数となると話さない学生が現れる。グループ活動は安心感の獲得や時間の共有ができる反面、責任の分散が起こり、活動しない学生が現れることに留意する必要がある。
・基礎演習で書くことに特化させるのであれば、習熟度別授業も視野に入れる必要がある。実際に他大学での成功例も報告されている。
・基礎演習は前期だけでなく後期にも継続して行うことが良いのではないか。
・授業で創作したものを持って帰らない学生が多い。作品を持って帰らないと成績入力しないと伝えたら、持って帰った。学生の動機づけがずれていることがある。
・1年生の時から、様々な授業で人と異なっても良い・間違いや失敗しても良いということを伝えていく必要がある。
・昔は自然と身につけていた知識や工夫を、講義で教えなければならない。まさに保育士養成が求められている。
・様々な体験をさせ、見方を広げる授業は良いと思う。しかしながら、指導するための技術とは違う。また、現状では体験させる時間や、指導するための技術を

身に着ける時間が足りていない。

・前期で問題提起をし、後期で解決させるという授業はどうか。

・4年生で、何かしらのプロジェクトを行うのはどうか。全員ではなく、例えばゼミ単位で複数のプロジェクトがあってもいいかもしれない。その一環で全ての教員が何かしらのヒントを持ち、全ての教員と関わりを持つのはどうか。

・4年生で今まで培った知識や経験を活かせる活動を行わせたい。

・1年生に向けてプロジェクトを発表させることで、教える・伝える技術を培わせるのはどうか。

③人間福祉学科
テーマ「魅力ある授業作りに向けた現状と課題」

青木FD委員：高校生にもアピールする内容をとのことだったので、まず私の授業実践例を報告し、学科として魅力ある授業づくりについて話し合えればと思う。

「障害者スポーツ概論」という授業において概論と演習をとることにより障害者スポーツ指導者資格がとれることになっている。授業のカリキュラムは指導者養成のカリキュラムに沿った内容となっている。概論ではまず、学生にはA4の記入シート（要点を空白にしてある）を配布し、パワーポイントを見て話をしながら穴埋めをしていく流れでおこなっている。今回は講義型の授業でやったことをもとに、体験型の授業を行うかたちをとった。

体験型授業では、アイマスクを使用しての視覚障害のスポーツ体験をおこなった。①目標ジャンプ②言葉によるコーチング③ブラインドサッカーボールを足で操作する④三角パス（まとめ）、の4つの体験を行いおおむね1限分いっぱいかかった。

終了後アンケートを記入して学生の評価を確認した。講義と実際にやってみることとのずれを実感しているとともに、応用的な感想もでてきた。

講義課目であっても実際の場面を想定して体験を取り入れることで興味関心が高まり、理解が深まると考えられる。

成績評価の際には、○×式50問の試験をおこなっており、問題の作成は学んだことをもとに学生に行わせている。

奈良：アクティブ・ラーニングをおこなってみて、どこをどう評価していくかが

教員の側の課題。学生が「実感をする」ことは大切である。

湯浅：講義科目内でこれだけのことを一人で行うのは難しいのでは。

青木：この体験授業に限り、2クラスに分けておこなった。

鳥羽：講義課目と演習科目の特色がなくなるのではないか。

青木：アクティブ・ラーニングということを考えた場合、講義課目・演習科目の区別はないのではないか。

梶原：講義・演習・実習をシラバスに記載しているがそこは区別する必要はないのか？

学部長：アクティブ・ラーニングの視点にたてば、講義一辺倒である必要はないのではないか。

鳥羽：そうすると教室や定員など環境面も考えなければいけないのではないか。

長竹：内部障害についてはどうか？

青木：内部障害の体験は難しいだろう。

森：FDをきっかけにこの方法をとったと思うがこれでなければどのような方法をとるつもりだったか？

青木：体験は取り入れるつもりだったが、もっと小規模な形になったと思う。

中島：視聴覚教材を使うとわかりやすくなるが時間がかかるため、知識量をこなすことが難しい。

学部長：アクティブ・ラーニングというのは体をつかってというより、頭がアクティブになることが大切だろう。

鳥羽：うちの学生の傾向として講義型より体験型のほうが分かったといいがち。

梶原：このように具体化できる内容はいいが、「概念」を理解させる内容の授業では難しい。

湯浅：概念理解は難しいと思うが、新聞記事を読ませるなどの取り組みが必要かと思う。

中島：むしろ具体から抽象へと伝えていくほうがいいのではないかと思う。

④心理学科

テーマ「魅力ある授業づくり、現状と課題」

　アクティブ・ラーニングを取り入れることで、魅力ある授業づくりだけでなく、学生が抱える自尊心の低さや自主性の欠如といった問題の解決、および志願

者の獲得に繋がる可能性がある。そこで、オープンキャンパス（以下、OC）と
ふじみ野高校連携講座（以下、連携講座）で、長野ゼミおよび文野ゼミの学生が
高校生やその保護者を相手に自分たちが学んでいることを伝えるという機会を設
けた。長野先生、文野先生より両ゼミの取り組みについての報告が行われ、その
後ディスカッションが行われた。

≪長野ゼミの取り組み≫

　今年度5月のOCより、心理学科ブースの運営に長野ゼミの学生が参加し、各
人の研究テーマを使ってOCを魅力的なものにするという課題を行った。3Dプ
リンターの説明や、アイカメラによる視線の計測、ヘッドマウントディスプレイ
を用いた仮想現実体験コーナー、リラックス時の生体反応変化の体験コーナーな
どを実施した。また、12月には連携講座において、ストレス負荷時の皮膚温変
化を題材にした体験型授業をゼミ学生主体で行った。加えて、連携講座でも3D
プリンターやアイカメラの体験コーナーを設けた。

　高校生や保護者に心理学の魅力を説明することが求められるため、限定的では
あるが実社会に関与する機会を学生が得ることができた。また、実施する中で出
てきた反省点をゼミ内で話し合って改善し、次回のOCに活かすというサイクル
を繰り返し行うことで、学生の問題解決のためのスキルの向上が見られた。一方
で、自分たちが学んでいることが社会とどのようにつながっているのかを説明す
ることはまだまだ難しいようで、この点については教員も積極的にサポートして
いく必要があるようである。また、授業時間外での準備活動をどこまで学生に行
わせていいのか、また自主的に参加する学生とそうでない学生との間に温度差が
あるので、この点はまだまだ検討していく必要がある。

≪文野ゼミの取り組み≫

　8月のOC時に、心理学科ブースの運営に文野ゼミの学生が参加し、来場した
高校生およびその保護者に鏡映描写課題の体験コーナーを開設した。準備段階で
は、10名のゼミ生を2つのサブグループに分け、実施内容を含めて検討を行っ
ていた。しかし、実際にはなかなか内容がまとまらず、ゼミ内で話し合い、課題
を鏡映描写1つに絞って行うこととなった。ゼミ内での話し合い等では、学生の
モチベーションはあまり高くないように感じられたが、OC当日は積極的に活動
していた。ただし、課題を決定するのが遅かったため、当日の説明内容の検討な
どの時間は少なくなってしまった。

また、12月の連携講座でも高校生に実験を実施して、その内容をゼミ生が解説するという取り組みを行った。OCの時とはサブグループのメンバーを変え、課題もゼミのテーマに近い社会心理学関連の実験とし、鏡像の選好と透明性の錯覚の実験を実施した。OCの時とは異なり準備を早い段階から始めることができたため、ゼミ生自身が文献を読んで解説内容の資料を作成することができたが、やはり説明を練習する時間は十分に取ることができなかった。

高校生に心理学の実験を実施して解説するという活動を行うことで、大学の講義や演習によって自分たちの心理学についての知識がきちんと蓄積しているということを学生自身が実感することにつながっていた。一方で、いずれも課題の決定に時間を費やしてしまい、説明内容の検討や練習に十分な時間をとれなかったため、教員側であらかじめいくつか候補を用意しておくなど、マネジメント面での工夫の必要性を感じた。また、どうしてもはじめの方は学生のモチベーションが低いため、向上させるための対応も教員側に求められる。

≪ディスカッション≫

来年度のFD委員会では、アクティブ・ラーニングから別のテーマに移行するが、心理学科の教育内容を対外的にアピールできる良い機会なので、学科独自にこれらの活動を今後も続けていくメリットがあるのではないか。また、アクティブ・ラーニングを行うのであれば、学生が出力する機会は本番さながらの場面でなければモチベーションが上がらないと思われるため、OCの機会を利用するのは教育効果が高く非常に良いと考えられる。ただし、高校生や保護者に対して学科の教育内容が社会とどのように繋がっていくのかをしっかりと説明できなければならないため、そこはやはり教員が手厚くサポートする必要がある。

今後、ストレスマネージメント研究センターなどの新しい取り組みも始まるため、これらの機会でもアクティブ・ラーニングを絡められると良いのかもしれない。また、学科独自でFacebookやインスタグラム等のSNSを利用していくことで、心理学科をアピールできるような取り組みについても検討していく必要がある。

あとがき

FD（ファカルティ・ディベロップメント）という概念は、「教員が授業内容・方法を改善し向上させるための組織的な取組」（文科省）と定義され、ようやく日本の大学関係者のあいだに定着してきたようだ。しかし日本のFD活動は、文科省のトップダウンで画一的に普及が進められてきた結果、大学の中には、とりあえず研修会の年複数回開催をノルマ化することでお茶を濁すといったところも存在するようだ。

文京学院大学（BGU）では、この間、「教育力日本一をめざす」をスローガンに、教員と職員が一緒になってFD活動に取り組んできた。「最初にFDありき」ではなく、教育力の向上を明確な目標とし、その手段としてFD活動をとらえてきた。そしてそれは、大学教員の授業改革あるいは授業づくりに対する意識を少しずつだが変えてきたと思う。もちろん個々の教員に温度差はあるものの、組織として取り組むことによって、個々の意識変革のすそ野は広がっている。

ただ課題もないわけではない。組織単位で行われるFD活動は、どうしても内輪での議論に終始してしまい、他の教員の授業実践についても専門の異なる教員からは、遠慮もあってなかなか意見を言いづらいところがある。そこで私たちの取り組みをもっと多くの大学関係者、教育関係者の評価の目にさらす機会が必要ではないかと考えた。小中高校の教員には、民間教育研究団体の研究会や研究サークルなど、自己の教育実践を衆目にさらし、ときに厳しい批判を受けながらも、自らの教育力を鍛える場がある。大学教員は研究の領域では学会という自己研鑽の場を持っているが、自らの教育実践、授業実践の省察となると、それを議論する土俵もなく、どうしても自己満足の域を出ない。

そこで私は、人間学部FD委員会のメンバーに、コミュニケーション学科、児童発達学科、人間福祉学科、心理学科、それぞれの学科で組織的に授業研究を行い、その研究と実践の成果を書籍にまとめ、世に公表してみないかと提案した。それぞれの専門分野の研究と教育に加えて、そのような授業研究に取り組むのだから、負担にならないといったらうそになる。それでも、メンバーからは特に異論はなく（異論を言えなかったのかもしれないが）、書籍化に向けて一緒にやりましょうということになった。

また本書を企画するにあたって、経営学部の馬渡一浩教授にも寄稿をお願いした。馬渡氏の指導するゼミ学生は、2016年、日本経済学生ゼミナール関東部会

の主催する 2016 年インナー大会・プレゼンテーション部門で、139 の参加チームのなかから審査員賞に選ばれた。これも、教育力日本一をめざす本学教員の取り組みの貴重な成果として公表したいと考えた。寄稿依頼を快諾いただいた氏にはこの場を借りてお礼申し上げたい。

　本書の出版の経費については、文京学院大学出版助成からご援助いただいた。ここに記して感謝申し上げる。

　最後に、本書の出版にあたっては、大日本法令印刷の保坂明洋氏、冨山房インターナショナルの新井正光氏にたいへんお世話になった。この場を借りて心よりお礼を述べたい。

2019 年　6 月　20 日

編著者　木村浩則

アクティブ・ラーニングで学生の主体的学びをつくりだす
──BGU の魅力ある授業づくり──

2019 年 7 月 16 日　　　初版第 1 刷発行

編　者　　木　村　浩　則

発　行　　文京学院大学人間学部 FD 委員会
　　　　　　　　〒 356-8533　埼玉県ふじみ野市亀久保 1196
　　　　　　　　Tel 049-261-6488（代）

発　売　　株式会社冨山房インターナショナル
　　　　　　　　〒 101-0051　東京都千代田区神田神保町 1-3
　　　　　　　　Tel 03-3291-2578　　　Fax 03-3219-4866

印刷・製本　　大日本法令印刷株式会社

©2019　Bunkyo Gakuin University　　Printed in Japan　　ISBN 978-4-86600-069-5
無断転載を禁じます　　乱丁・落丁はお取替えいたします